高效学习法

赵莎 著

用思维导图和知识卡片快速构建个人知识体系

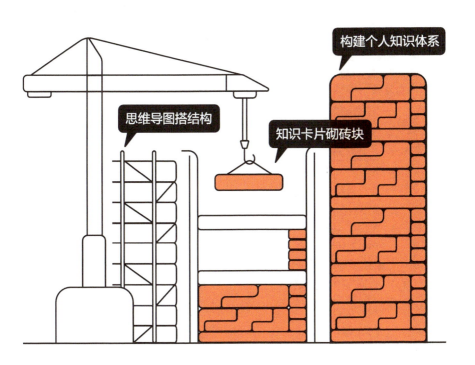

构建个人知识体系

思维导图搭结构

知识卡片砌砖块

人民邮电出版社

北京

图书在版编目（CIP）数据

高效学习法：用思维导图和知识卡片快速构建个人知识体系 / 赵莎著. -- 北京：人民邮电出版社，2021.5（2024.3重印）
　ISBN 978-7-115-55766-7

Ⅰ. ①高… Ⅱ. ①赵… Ⅲ. ①学习方法 Ⅳ. ①G442

中国版本图书馆CIP数据核字(2020)第268132号

内 容 提 要

　　你是否有这种感觉：即使看了再多的书，最终记住的内容也是寥寥无几；学了很多东西，却不知道如何利用它们去提升自己。究其原因，是因为我们没有形成自己的知识体系。构建个人知识体系，并不是因为只有体系性的东西才是好的，而是因为知识体系能够让人有清晰的知识框架，进而将知识在这个框架中整齐放置好。失去知识体系的我们就像漂浮不定的浮萍，永远在追逐新信息。

　　本书整合了思维导图与知识卡片两种新型的可视化学习方法，帮助我们精选学习的内容、增强对知识的记忆，进而打造适合自己的学习体系。在解决以上问题的同时，本书还介绍了如何利用思维导图及知识卡片进行高效的写作、制定活动方案、与他人分享知识的技巧和方法，全面提高我们的学习及工作效率。

　　翻开本书，从绘制第一张思维导图和知识卡片开始，建造你的知识大厦，激发你的无限可能。

◆ 著　　　　赵　莎
　责任编辑　张　军
　责任印制　彭志环

◆ 人民邮电出版社出版发行　　北京市丰台区成寿寺路 11 号
　邮编　100164　电子邮件　315@ptpress.com.cn
　网址　https://www.ptpress.com.cn
　北京九州迅驰传媒文化有限公司印刷

◆ 开本：880×1230　1/32
　印张：6.5　　　　　　2021 年 5 月第 1 版
　字数：151 千字　　　2024 年 3 月北京第 13 次印刷

定价：59.80 元

读者服务热线：(010)81055296　印装质量热线：(010)81055316
反盗版热线：(010)81055315
广告经营许可证：京东市监广登字 20170147 号

前言

4 年前，我是一个不敢在公众场合表达、说话总是结结巴巴、沟通表达不清晰的职场新人。但是 4 年后，我的逻辑结构思维发生了巨大的变化，我从一个不善表达的人变成一名开了 25 期训练营、开发了 10 多门课程的自由职业讲师。我成立了一个高效的线上团队，服务了将近 3000 名付费学员。其间，我最重要的转变是逻辑结构思维，这个思维的习得与我每天画思维导图和知识卡片有着密切的联系。

我从 2016 年开始接触思维导图和知识卡片类笔记，4 年来，这套方法给我的生活、工作、学习 3 个方面都带来了巨大的变化。

2017 年，通过制作创意思维导图，我创建了自己的个人品牌；我还因为思维导图笔记被总部领导看中，实现了半年从公司分店到集团总部的职场晋升。

2018 年，我通过一张个人学习地图在新人转正答辩会上惊艳了所有在场评委；入职 3 个月，我成为公司年度最佳新人。

2019 年，我通过两张思维导图规划出自己的自由职业发展方向，并成功转型，实现了第一年自由职业收入高于职场收入 50%；我还通过两套知识卡片在得到知识城邦获得了 2 万粉丝。

2020 年，"图言卡语"品牌创办一周年，从一个人到一群人，我 成立了知视工作室和图言卡语公司。我用作品说话，用结果说话，在这里将 4 年的学习、实战经验与心得分享给你，相信这本书能解决你学习上的很多困惑。

1. 知识用不上的大敌：盲目学，记不住

学习是把知识作为原料进行加工，使其成为自己的能力，以解决各种不确定性问题的过程，这是成人学习的目的。而在步入工作岗位前的学习中，没有人教会我们这个道理。步入工作岗位前的考试告诉我们，分数是评估学得好与坏的直接标准，考个好大学是学习的最终目标。

步入职场后，不再有考试来评估学习效果，每个人的社会身份也发生了变化，我们从学生切换为一个职场人，生活的重心由学习转向工作。但与此同时，我们还是需要不断学习，因为尽管你读了不少的书，却仍有很多的知识盲区，书本上能够应用到实际工作中的知识也寥寥无几。

从一名学生转变为一名职业人，学习不仅没有停止，学习的广度反而大大增加了。然而，我们可以利用的学习时间却发生了很大的变化，时间被工作、家庭、社交无限分割，每个人不再像学生时代一样有大把的时间进行沉浸式学习。所以，利用碎片时间来进行高效学习的能力，成为每个优秀的职业人的必备素质。

移动互联网的迅速发展，帮助我们大大提高了利用碎片时间的效率。每天早上打开得到 App 听 15 分钟的音频；上班路上打开英语流利说、百词斩等 App 学英语；早中晚的各种排队路上，浏览微信公众号；晚上下班，继续通过喜马拉雅、千聊、小鹅通等学习平台汲取知识。原来的知识，主要通过书本来呈现；现在的

用思维导图和知识卡片快速构建个人知识体系

知识则转变为各种音频、视频，见缝插针式地穿插在我们的碎片时间里。学习变得越来越容易，只要你有一部手机，无论何时何地，都可以充分利用碎片时间学习。

我们看到，有很多人争分夺秒地利用碎片时间来学习，把时间利用得淋漓尽致；同时我们也发现了一些现象：

一年读 100 本书，记住的几乎为零；

一年听 20 个课程，能用上的几乎没有；

一年参加 10 个训练营，生活依然没有发生改变……

出现这种现象，问题到底出在哪里？我总结了两个原因：一是盲目学，就像进入一片森林一样，你根本不知道自己要去哪里，自然找不到出路；二是知识记不住，就像你知道自己要去哪里，但是你不会辨别方向，不会看路标，自然也找不到出路。盲目学和知识记不住是你学了这么多知识却依然觉得自己过不好这一生的原因。

2. 如何应对两个症结

（1）应对盲目焦虑，建立学习选择标准

很多人在刚刚进入职场的时候很兴奋，因为终于可以由自己来选择学什么了，不用为了考试而学习。可是他们却在选择学什么时感到迷茫。学习是一项投资，投资的不仅是金钱，更重要的是时间。你投资时间学习一门课程、一本书，学完后能不能用上学到的知识很重要。

每天面对铺天盖地的信息，大多数人喜欢囤课、囤书，但是很少有人会问自己：我为什么要学习这门课程、为什么要阅读这本书，它们能解决我当前的什么问题或困惑吗？学习这项技能是否具有长期增值效应，能否帮助自己更好地生活？这项技能是不是自己的兴趣爱好？在面对海量信息的时候，我根据这些问题建立了自己的学习选择标准。在选择学习项目的时候，我主要优先学习以下三方面的内容。

一是与当前工作联系得最紧密的学习项。比如自己从事人力资源工作，计划持续在培训、招聘模块精进，于是在图书、公众号、线上课程、线下活动等各个渠道留意相关的学习信息。另外，还可以学习一些常用的提升职场效率的办公技能，比如 PPT、Excel 等办公软件的应用。

二是有利于未来长期增值的学习项，为自己未来想要从事的职业做铺垫。比如想做职业规划师、作家、创业者等，就要多了解和学习与商业、写作、职业规划相关的知识。

三是兴趣相关的学习项，比如摄影等。

有了以上几个选择标准，每次想要开始新的学习项目的时候，我都会重新审视自己，思考这个项目是不是在自己整体的学习计划中。如果不是，为什么要学？如果是，那就把这个新增的学习项目纳入自己的学习项目中。选择了学什么就相当于明确了你要吃什么。可是要怎么吃才能让食物的营养被充分吸收以提高身体机能，又能让你的消化系统没有负担呢？这就要解决如何记住知识的问题。

（2）"导图 + 卡片"学习法，解决知识记不住的问题

好记性不如烂笔头，记笔记是提高学习效率的重要步骤。学生时期，几乎都是手抄笔记，但是我们也发现那些文字笔记抄过之后仿佛都安安静静地躺在那里，再也没有用过了，也并没有在自己的脑海里留下深刻的印象。工作之后，我们所有的学习、工作几乎都电子化了，如何让笔记也电子化，能够随时激活、更新迭代？在本书的第 2 章和第 3 章，你会找到答案。

2016 年 11 月，一次偶然的机会，我成为笔记侠的第一批笔记

达人，开始了自己的学习笔记探索之旅。这两年我接触并尝试了手账、幕布、思维导图、知识卡片等多种多样的笔记类型和工具。我将自己尝试过的几种笔记类型的特点进行了总结，如图1所示。

笔记类型	主要特点	优势	劣势
手写文字笔记	条目式	方便，想写就写	记忆效果差 难以迭代、传播
手绘视觉笔记	图文结合	形象生动 趣味性强	难以迭代、传播 时间长
手绘思维导图笔记	中心发散	发散联想式 记忆效果好	难以迭代、传播
幕布笔记	大纲结构	方便，适合记 长篇幅笔记	无法自由创建连线
电子化思维导图 笔记	逻辑结构突出	记忆效果好 可迭代、传播	需要使用电脑 时间长短不定
电子化知识卡片 笔记	碎片记录 知识点小	记忆效果好 可迭代、传播	需要使用电脑 时间长短不定

图1 不同笔记类型的特点

因为纯文字的条目式笔记不利于阅读，也不利于记忆，所以为了摆脱最原始的一行行记录的条目式手写文字笔记的习惯（见图2），我尝试了手绘视觉笔记和手绘思维导图笔记（见图3）。

手绘视觉笔记主要是在记笔记的时候，加上线条引导和视觉元素；手绘思维导图笔记则是采用"八爪鱼"的放射状形式来记录知识要点。手绘视觉笔记和手绘思维导图笔记都是很有趣的学习笔记类型，它们的特点是有整体的思维结构，同时在关键词处进行图像化表达，生动形象，在加强自己对知识吸收的同时也能够放松自己。但是从时间成本和电子化的角度来说，手绘笔记并不是最好的选择，于是我开始去寻找一些可以做电子笔记的软件。

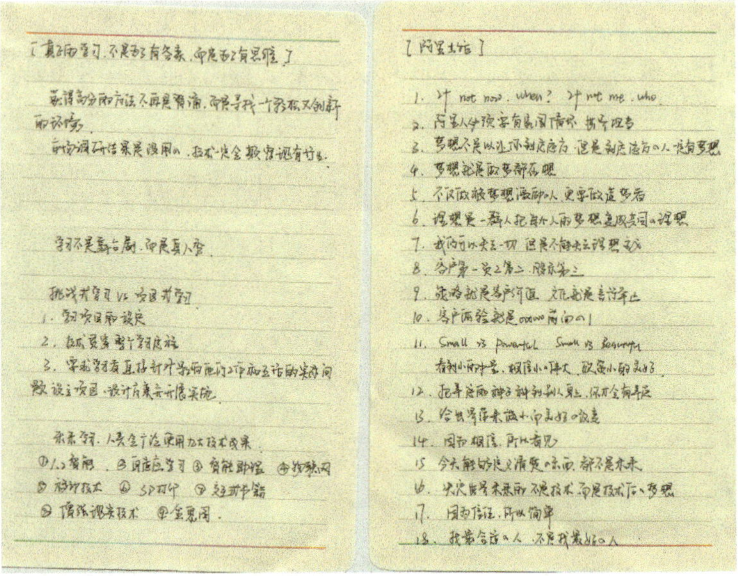

图2　手写文字笔记

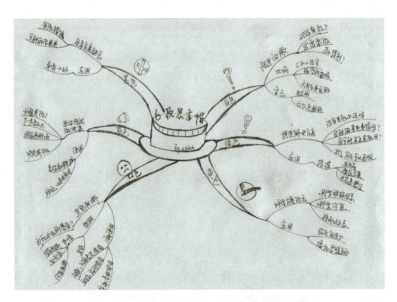

图3　手绘视觉笔记和手绘思维导图笔记

最开始，我尝试了用"幕布"做笔记。幕布是一款非常适合在开会时或演讲现场使用手机做大纲型随堂笔记的 App，而且做完笔记后它能一键生成思维导图。所以，如果参加一个现场活动或者在路上只有手机可以用的时候，用幕布做笔记是非常好的选择（见图 4），它能够把文字结构化，使笔记呈现出很强的视觉层次感。

得到 App《跟熊浩学沟通》听课笔记

- 沟通原则
  - （权力的）结构
    - 决定权在对方——说服
    - 决定权在他方——辩论
    - 决定权在双方——谈判
    - 需沟通协调——调解
  - （分歧的）性质
    - 利益的分歧
    - 认同的分歧：BRAVE 模型：信仰、仪式、忠诚、价值观、情感上的经历

图 4　幕布笔记

但是在做学习笔记的时候，幕布依然具有一定的局限性，比如它无法自由地创建联系。在学习的时候，我们经常会发现这个知识点和之前的某个知识点有某种联系，如果可以直接通过画线将其进行连接，那么这个动作就能帮助自己的大脑进行联想记忆。电子思维导图软件便能满足这个需求。图 5 所示便是我用电子思维导图软件做的第一本书《精进，如何成为一个很厉害的人》的学习笔记一级大纲。

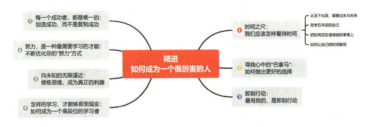

图5 《精进，如何成为一个很厉害的人》思维导图大纲

用思维导图做完笔记后，我惊喜地发现这样读完一本书和之前读完一本书的感受完全不一样。以前读完一本书，脑海里留下的印象很少，而做完思维导图笔记后，我对全书有了一个整体的了解，像是走进了一片森林，在走出来后自己便能为这片森林绘制一张地图。我知道这片森林有哪些路，每条路之间是怎样交错的；也知道这片森林里有哪些树木，它们的特点是什么，是怎么排布的。于是，学一样东西达到了既见树木又见森林的效果。所以，从这以后，思维导图笔记法便成为我学习时主要的记笔记方式。

在2017年的很多个周末里，我就这样保持着看一本书、画一张图的状态。不仅仅是书，我看到一篇高质量的文章时也是如此。当时我正在学习与HR相关的专业知识，每看到一篇高质量的文章，就想将其绘制成思维导图，因为如果没有作图，我就好像无法吸收知识。图6所示为一篇HR知识思维导图笔记。正因为有了这个过程和感受，我才充分了解到什么是真正的学习。真正的学习是你知道这个知识的脉络逻辑，而不是散点式的吸收。所以从那以后，我不再轻易满足于表面上的学习，而是扎扎实实地吸收和内化知识。

在使用思维导图笔记法的过程中，我还发现了另一种记学习笔记的方式：知识卡片。

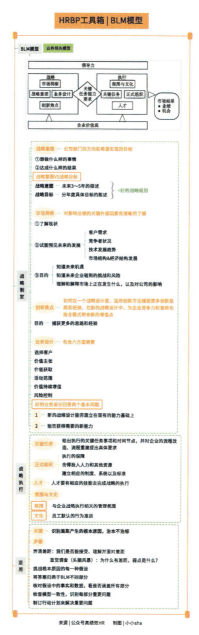

图6　HR知识思维导图笔记

我们在学一门课程或读一本书的时候，经常会有这样的时刻，即对某个知识点特别有共鸣。这个知识点可能是一个金句、一个模型、一个方法、一个概念，这样的知识点可以记下来高频使用。当我们用思维导图把一本书或一篇文章的知识还原出来后，核心知识会非常突出。这时候，我们可以把这个单独的知识点记录成一张电子版的知识卡片，一方面方便自己调用，另一方面可以分享给他人使用。将多张相关的知识卡片联合起来，还可以组合串联，创作一篇文章。图7所示便是我做的第一套知识卡片中的两张。

图7 《跃迁》的知识卡片节选

总体来说，思维导图就是一张网，我们要做的就是把一篇文章不同重要层次的信息编织在一张网里；而知识卡片，就是这张网中重要的节点，它承载了核心关键信息，在网中起着非常关键的支撑作用，也可以单独拿出来作为一个独立的内容来编织一张新网。

思维导图和知识卡片叠加在一起就是"导图＋卡片"学习创作法，它们可以单独使用，也可以组合出击。对于一些信息量很大的内容，我们可以用思维导图来呈现知识的网状关系，然后梳理出关键知识点做成知识卡片。而对于一些信息量不是很大的内容，我们可以直接挑选核心知识制作知识卡片。这种方法能有效提高学习效率的原理如下。

创建联系。学习的本质是创建联系，通过显示联系的学习笔记（导图＋卡片学习创作法）把知识间的联系变成有逻辑结构的图形形式，能让知识更加立体，让记忆的线索更多，从而帮助大脑更好地记忆。

以教促学，做让别人看得懂的学习笔记。学习笔记不仅仅要自己能看懂，当我们想把自己的学习笔记当作知识产品传播给他人看，让他人也能一目了然地看懂知识的时候，知识的"图解翻译官"这个角色让我们必须更加透彻地理解知识。以教促学的笔记形式，能帮助我们更好地理解知识、记住知识。通过做他人看得懂的学习笔记进行知识创造，我们可以充分激活知识，完成知识的最小应用。

任何一篇文章、一堂课、一本书，都是作者经过了大量实践、花费了大量时间完成的作品，我们无法通过几分钟的阅读或者几十分钟的音频就获得其精髓。要想学得深入、理解透彻，就一定要舍得花时间做深度学习笔记，尤其是遇到价值高的内容时。在我看来，导图＋卡片学习创作法就是一种深度学习笔记法。当我在 2019 年 5 月举办的训练营中推广这个学习方法的时候，也收到了很多学员的积极反馈：我爱上了导图＋卡片学习创作法，用这种方法做学习笔记的时候，我常常会陷入一种"心流状态"，而当我们进入"心流状态"时，恰恰是学习效率最高的时候。（心流状态是指一种将注意力完全投注到某种活动上的感觉，心流产生的同时会有高度的兴奋感及充实感。）

我将把我 3 年来的实践经验通过本书毫无保留地分享给你。在本书的第 1 章，介绍了建立学习系统的关键步骤是搭建知识骨架；在第 2 章和第 3 章，分别介绍了思维导图和知识卡片的具体学习方法；在第 4 章介绍了导图＋卡片的融合应用；在第 5 章教你设计学习模式，让你的学习得以持续。

我就是通过这些学习策略，在碎片化时代愉快且高效地学习的。相信通过这些学习策略，你也可以提高自己的学习、生活与工作效率，成为一个善于学习、思考、沟通和表达的人。接下来，就让我们开始吧！

用思维导图和知识卡片快速构建个人知识体系

CONTENTS 目录

目录

高效学习法：用思维导图和知识卡片快速构建个人知识体系

系统：知识骨架是关键

人人都想成为终身学习者，但是强大的终身学习者都有一个完整的个人知识管理系统，他们都懂得如何收集知识，消化吸收知识，并且创造应用知识。我们把这个系统的流程分成输入—加工—输出 3 步。个人知识管理系统里的所有知识称为知识体系，也就是你学习的所有知识相互连接形成的一个知识结构。

知识结构的稳定性强弱，决定着知识体系的功能是否强大；输入—加工—输出的学习流程是否顺畅，决定着知识体系能否高效运转。

本书的第 1 章教你从建立学习树开始，建立自己的学习目标，确定好目标后，围绕输入—加工—输出 3 个步骤建立学习流程，最后，为你介绍骨架式输出的意义。

01

学习树：构建知识体系的雏形

解决问题：不知道学什么
解决方案：用未来倒推现在，画出你的学习树

学习树的意义：明确学习目标与意义

构建个人知识体系的误区之一是盲目学，以为学得越广越好，而构建知识体系的关键步骤是知识结构的精细搭建。如图 1-1 所示，知识体系的构建有两种常见的做法：一种是到处插秧，无序进行；一种是精耕细作，有序排布。二者的学习效果完全不同。

两种知识体系构建方式

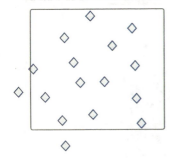
到处插秧，稻田越来越大但是收成不好

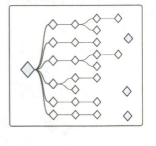
精耕细作，围绕自己的体系一点一点地完善

图 1-1 两种常见的构建知识体系的方式

到处插秧的做法是东插一棵，西插一棵，看起来稻田越来越大，实际却不方便自己管理，收成欠佳。精耕细作的做法是慢慢

地耕种好当前的一亩三分地，让土壤渐渐肥沃，然后从周边开始种植新的秧苗，一点点扩大自己的种植边界。在种植秧苗的时候，我们需要知道这块土地适合种植什么、什么时候种植、什么时候施肥，丝毫不能马虎。

学习也一样，构建个人知识体系，首先要知道自己需要学习什么，从而圈定自己的学习内容，再有计划地向周边拓展，有效地分配自己的学习时间，明确自己的学习方式。

在这里提供一个工具：学习树。让所有的学习内容都长在一棵树上，知识才不会丢失。因为你的所有知识形成了一个体系，所以可以发挥系统的作用。

学习树的步骤：3 步搭建学习树

▶ 第一步：画一级主干——素质、知识、能力、技能

学习是为了成长得更强大，从而更好地解决工作、生活中的问题。而想让自己更强大，可以从素质、知识、能力、技能四大方面来修炼自己。所以，我们可以将这四大方面作为学习树的第一级主干，如图 1-2 所示。

素质：素质可以简单地理解为一个人的性格、心态和工作态度。

知识：对客观事物的认识。知识包括陈述性知识和程序性知识，陈述性知识是关于"是什么"的知识，可以理解为概念类知识；程序性知识是关于"怎么做"的知识，可以理解为方法类、步骤类知识。

能力：知识经过刻意练习后的产物，比如演讲能力、写作能力。

技能：通过不断行动、操作获得的一套方法系统，比如 PPT

技能、Excel 技能、思维导图技能。

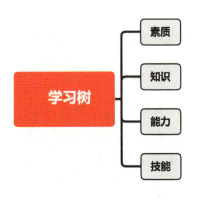

图 1-2 学习树

▌ 第二步：三大问题确定二级分支

明确了一级主干，即素质、知识、能力、技能四大方面后，开始画学习树的二级主干。这里通过写出以下 3 个问题的答案，来画学习树的第二级分支，建立学习树的雏形。

① 我希望自己保持怎样的心态？

② 我 3 年后想从事什么职业或者达到什么高度？

③ 要成为 3 年后理想中的自己，我需要获得哪些素质、知识、能力和技能？

大学的时候，我一直围绕这几个问题不断地思考，更新自己的答案，如下所示。

① 我希望自己传达的精神和工作态度：用心做事、负责、细心、积极、主动、真诚待人，从而获取他人的信任和支持。

② 我希望自己三年后成为一名生物行业的人力资源工作者。

③ 为了成为一名生物行业的人力资源工作者，我需要学习人

力资源的相关知识和生物专业知识，努力寻找实习机会，通过实践习得技能，获得相关的专业能力。

在大二（2013年时）的时候，我把这些问题的答案，结合学习树的一级主干，画在了二级分支上，形成了一棵学习树的雏形，如图1-3所示。

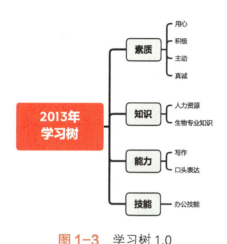

图1-3　学习树1.0

第三步：利用"岗位描述学习萃取法"细化学习树，完善分支

从图1-3中可以看出，我的知识体系已经有了大概的骨架，那么如何让自己的知识体系更加丰满，变得更有力量呢？"岗位描述学习萃取法"可以帮助你完善自己的学习树。

人力资源领域中有个专业名词叫"胜任力模型"。它的具体含义为，对组织或企业中的某一个职位，依据提出的职责要求，为完成本职责而需要的能力要素的集中表示。简而言之，胜任力模型会告诉你，如果要胜任某个职位，需要哪些知识、哪些技能，只有具备了这些知识和能力，你才有可能胜任这个职位。这个模型在企业中常被用来当作人才招聘的评估工具和培训辅导工具。对于个人来说，胜任力模型也可以是我们自身做职业生涯规划时的一个很好的工具。如果你 5 年后，想成为一名 HRD（人力资源总监），那么利用胜任力模型，你可以评估自己现在与 HRD 的差距。明确差距后，你的所有学习行动都是为了缩小这个差距。

一般企业的职位胜任力模型由企业的专家、资深人士确定，而对于刚毕业的学生或者一名中基层的职场人士来说，往往对于自己要从事的岗位需要哪些知识技能是模糊不清的。这时，建议你利用招聘网站上已经发布的岗位招聘需求，来做学习内容萃取，这种方式我们简称为"岗位描述萃取法"。

大二的时候，我的专业是动物医学，但是我毕业后想从事人力资源相关的工作。于是，我首先从招聘网站上了解了一些人力资源专员的招聘需求，把能够萃取出来的学习项目萃取出来，无法萃取的则空着。

以某生物公司招聘一名人力资源专员为例，萃取的学习内容如下。（括号内为萃取的需要学习的内容）

【岗位职责】

① 根据公司业务战略，从招聘、培训、绩效、薪酬、员工关系等人力资源六大模块的角度为业务部门提供人力资源支持。（人力资源六大模块）

② 了解所支持部门的业务目标和团队运作状况，并有效推动各项人力资源政策落实。（执行力）

③ 人事相关报表的制作以及分析。（办公技能）

④ 协助经理完成项目性工作的策划及实施。（执行力、协调力）

【任职要求】

① 本科以上学历，有相关人力资源实习或工作经验，熟悉招聘、

培训及员工关系模块。（着重了解人力资源的招聘、培训及员工关系模块）

②有生物背景优先。（生物知识）

③具有良好的职业道德，工作认真细致。（认真细致的态度）

④具有较强的团队合作意识。（团队合作态度）

⑤熟练使用各类办公软件，有较强的文字写作能力及口头表达能力。（办公技能，具备写作能力、口头表达能力）

根据岗位描述萃取法，我就得出了如果要成为一名人力资源专员需要具备的素质、知识、能力、技能。把这些内容添加到图1-3所示的学习树雏形中，我就获得了比较全面的学习树，如图1-4所示。

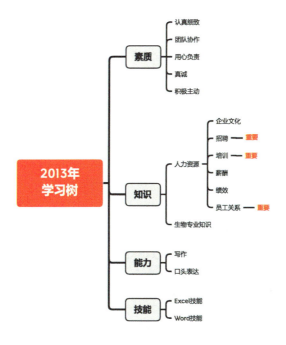

图1-4　学习树2.0

以未来 3 年为期，每年更新一次自己的学习树，这样你的学习就不是盲目进行的，而是有章可循的，这样每一次学习都在原来的知识体系上有序叠加，最终就可以形成稳定的知识系统。当然，你的学习树并不是一成不变的，你可以根据不同的时期，有侧重点地进行相应的增减。

学习树的好处：充分利用碎片时间构建系统

学习树除了可以让你的学习目标更明确，它的另一个好处是，当你明确了你的学习树的主题和方向的时候，所有的学习都可以优先围绕学习树来进行，而所有的输出也可以围绕学习树来进行。

我在 2019 年转型做可视化自由职业者，想推广导图＋卡片学习创作法，于是我的学习树主题变成了"如何学习探索"。为了提高自己的学习吸收效果，我创建了一个"如何学习探索"系列主题的写作笔记。这个主题就像一根线，穿起了我的每个碎片时间的学习。只要我有碎片时间，只要我看到的、想到的、经历的与"如何学习探索"这个主题有关联，我就会马上停下来写"如何学习探索"的笔记。当我写完 100 条"如何学习探索"的笔记后，我已经能解决如何学习探索的大多数问题了，自己的学习效率也有所提升。

在这个过程中，学习树起到了聚合的作用，聚合所有碎片时间，围绕同一个主题进行系列输入与系列输出，从而使学习效果得到叠加。在信息碎片时代，我们尤其需要这样的学习树，它可以确保你的输入与输出是系统的。这个道理和下面这个故事很像。

3 位泥瓦工在砌一堵墙，一位哲人问他们："你们在干什么？"

第一个人回答："砌墙。"第二个人回答："盖一幢楼。"第三个人回答："我们正在建设自己的家园。"哲人听后拍了拍第三个人的肩头，说："今后你将是幸运的。"多年后，第一个人依然是泥瓦工，第二个人成了工程师，第三个人成了前两个人的老板。

做任何一件事情，我们最开始的目标不一样，最后的结果很可能就不一样。学习也一样，学习树（见图 1-5）构建了我们学习系统的骨架，让我们知道最后要创建的知识大厦是什么样的。于是，在后面所有的时间、活动中，只要遇到与这个知识大厦相关的内容，我们都可以将其记录、发散、沉淀下来，去堆砌完善这座知识大厦。遇到与学习相关的内容就拼上去，实践得出的灵感也拼上去。当你积累得越来越多的时候，这个知识大厦就慢慢地建好了，它可以为你遮风挡雨，解决问题。

图 1-5　构建自己的学习树

学习树的应用：系统性地壮大自己的知识库

曾经有朋友问我，为什么自己不管是输入还是输出，总是不系统，每次别人问问题的时候，总是临时思考、组织语言回答，而我分享课程或者回答别人问题的时候，往往可以做到系统性地作答，如何才能做到像我这样呢？

其实这就是学习树的作用。因为在输入的时候，我已经有一个学习树，所以每次学习的时候，我会聚焦于学习到的新知识，最后只需要把新知识补充到学习树上就好了。而当我的学习树构建得比较完善的时候，对于别人的提问，我就可以把这个问题定位在学习树的某个位置，然后调用周边知识去回答这个问题。此时，我的回答就是迅速且系统的。

所以，构建自己的学习树，可以帮助我们系统地输入，系统地输出，自上而下地规划，自下而上地修葺，同时我们还可以随时调用以解决遇到的问题，如图 1-6 所示。

图 1-6 系统性地壮大知识库

知识输入：因需选材让学习更高效

解决问题：不知道如何选择
解决方案：4 个步骤，做好学习准备

完整的学习闭环是知识的输入—加工—输出，也就是知识从外部进入个人内部，经过消化吸收，再用自己的语言和表达方式传递给别人的过程。这 3 个步骤决定了一个人的知识体系能高效运转，让知识为自己所用，让知识真正地"长"进大脑里。这一节为你介绍在知识输入环节我们需要做的一些准备，为你解决选择什么渠道、用什么方式输入的问题。

明目标，让学习价值最大化

构建学习树的目的，是根据未来自己的画像圈定自己的学习内容，从整个学习系统来确定自己的学习目标。但是在学习的具体环节，我们依然要确定具体的目标来提高自己对知识的吸收效率。只有确定具体的目标后，我们所有的学习行为与动作才是聚焦的。

关于制定学习目标的好处，我给你举个例子。

你每天上下班都经过好几条路，有一天，你想出门找一家咖啡店办公，但是在你的脑海里，完全想不起来哪里有咖啡店。这时候你只能拿出手机在 App 中查找，根据导航摸索找到咖啡店的具体位置。而后来，你搬到新的地方后，每天回家，都会留意街边有什么商店，下意识地记住了家附近的商店。后来，你需要外出购物的时候，就能比较快速地想起在街上的哪个位置有你想去的店铺，如图 1-7 所示。

图 1-7　找到自己的学习路径

上述例子中的第一种情况，因为你没有目标前置，所以在需要找咖啡店的时候，脑海里是空白的，你每天走过的路，没有在你的脑海中留下任何有效的痕迹。第二种情况，你下意识地记住了周边的环境，你需要的时候，总是能很快地找到目的地。

学习也是一样，有时候，我们把看完一本书、学完一门课作为目标，以为看完了，内容就记在脑子里了，其实并不是这样。一本书就像一座城市、一个街道，你漫无目的地走马观花，很有可能走到头也一无所获。但如果你确定你要在这座城市中留下些什么，或者获得些什么的时候，你就会有所收获。

在你每天经过这几条街道时，如果你抱着"我要知道哪些地方有咖啡店"的目标，大脑就会有意识地聚焦到寻找咖啡店上，而筛除其他信息。你每天坐车上下班，会经过很多十字路口，但是某天早上，你带着"要记住一共有多少个十字路口"的目标去上班，大脑就会有意识地帮你记住每一个十字路口。

这个过程中，起作用的是我们大脑的网状激活系统。目标激活了我们大脑的网状激活系统，这个系统让大脑帮助我们在进行各项活动的时候，仅仅围绕目标来进行，与目标达成无关的其他活动就会被过滤、弱化。

这里给你提供两个把目的量化的工具：SMART 法则和 OKR 工作法。

SMART 的具体释意为，Specific——具体的，Measurable——可度量的，Attainable——可实现的，Relevant——（和其他目标）有相关性的，Time-bound——有时限的。

以学习人力资源双学位达到跨专业就业的目的为例，用 SMART 法则可以将目的分解为目标的若干元素，具体如表 1-1 所示。

表 1-1　学习目标分解表

目的↓	学习双学位人力资源课程，掌握人力资源专业知识，实现跨专业就业				
	具体的（Specific）	可度量的（Measurable）	可实现的（Attainable）	有相关性的（Relevant）	有时限的（Time-bound）
目标	·获得双学位文凭 ·获得人力资源三级证书	·每学期考试分数 ·课程测试 ·周末出勤率 ·认证分数	·有双学位机制 ·周末有时间参加学习	·可和自己的生物专业结合 ·自己感兴趣	·两年完成

有另外一套工具可以追踪目标是否完成，那就是 OKR 工作法。

OKR（Objectives and Key Results）即目标与关键成果法，是一套明确目标、跟踪目标及其完成情况的管理工具和方法，由英特尔公司创始人之一安迪·葛洛夫（Andy Grove）发明。目标是设定一个确定的时间段内要达成的任务（通常是一个季度）。关键成果是由量化指标形式呈现的，用来衡量在这段时间结束时是否达到目标。

在表1-1中，我们确定了可以衡量的目标，根据OKR工作法，有必要将目标再具体量化，比如每学期考试平均分在85分以上、课程测试全勤且达到90分以上、周末出勤率为100%、人力资源三级认证分数为80分以上等。这些就是量化的结果，你只要朝着这个数据和目标去努力就好。

选渠道，根据你的目标来定

当我们明确了学习的目标后，接下来就要选择渠道了。一般会有以下几个渠道：事、网、书、人，如图1-8所示。

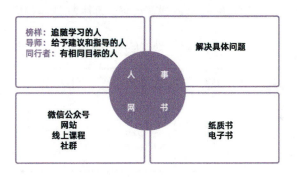

图1-8 学习渠道——事、网、书、人

事。学习的目的本身就是解决问题，那么直接实干，解决现实生活中的问题，本身就是学习的过程。我经常会觉得，当我们遇到问题的时候，第一步就直接去尝试，直接行动起来，往往能让自己留下深刻的印象。

网。网络学习可以利用各种搜索引擎以及各种学习平台，比如微信公众号、网站、线上课程、社群等。网络学习因为知识大多碎片化，所以系统性不高，但是最便捷也最容易随时随地开始，非常适合我们在碎片时间学习。因此，如果我们急需解决某个问题，可以直接通过网络学习，了解最基础的理论知识，再进行实践。

书。通过网络端了解了最基础的理论知识并进行实践，我们的学习闭环就增大了一圈，但是对于学习树里的专业知识，以及非常重要的能力项，我们就有必要系统地学习。系统学习的最佳来源就是书，每一本书都是作者经过大量的实践后萃取出来的理论精华。当我们要围绕某一个要发展的能力项进行深度学习的时候，可以确定一个关键词，根据关键词来搜索图书，挑选几本经典的图书进行主题式深度阅读，读完就可以比较全面地掌握这个领域的知识了。以系统的知识作为理论基础再进行实践，我们的能力会提升得更快，问题会解决得更好。

人。这里的人包括自己主要的同事、身边的专业人士、导师、支持者等。不管我们是通过实践行动还是通过网络、图书学习，与人沟通交流应该是一个常态化的学习方式。而在想要学习的领域，我们可以确定3个角色：榜样、导师、同行者。榜样可以是我们在这个领域的偶像，是对标者。我们可以拆解他的经历来激励自己，引导自己。针对不同的学习领域，我们可以设置不同的导师。导师不一定是这个领域的专业人士，但一定要非常了解我们，无论学习哪些领域，他都可以给我们各种建议和指导。同行者则是结伴而行，有着共同学习目标的人，是可以相互监督、激励，给予反馈的人。当自己内驱力不足的时候，这3个角色可以给我们非常强的外驱力，让自己持续行动。碎片化时代的学习，往往缺少反馈系统，但是当我们为自己构建了榜样、导师、同行者这样的关系圈之后，我们的反馈系统就形成了。

除了以上 3 种角色，我们在遇到特殊问题的时候，或者找不到以上 3 种角色的时候，也可以求助一些专业人士，比如通过一些平台约见专业人士，或者付费向朋友圈内比较资深的专业人士咨询，都是直接且有效的学习方式。

选教材，做更少而更好的事

在时间和精力稀缺的碎片化时代，我们要做更少而更好的事情，不求多，要求精，要学透彻。读 5 本书，不如把一本经典的书读 5 遍。有人会问，学得慢，就意味着学得少，怎么办？学习的终极目的是学有所用。根据二八定律 [由意大利经济学家帕累托（Vilfreto Pareto）提出]，80% 的社会财富集中在 20% 的人手里，而 80% 的人只拥有 20% 的社会财富。知识也一样，一个领域的精华知识往往只有 20%，而掌握了这 20%，基本上就能解决这个领域 80% 的问题。因此找到覆盖这个领域的精华知识的那一本书，读懂读透，就掌握了这个领域 80% 问题的解决方法。

我们每个人都有大量的碎片时间，正常人的阅读速度通常是每分钟 300 ～ 500 字，平均每本书的字数是 15 万字，那么我们阅读每本书平均要花费 5 ～ 8 个小时，完全可以利用两天的下班时间看完一本书，或者用一周的其他碎片时间看完一本书。但是我们习惯的做法是，看完一本紧接着看另一本，只是单纯的输入，不做思考和深入内化加工。而且对于一本好书、一门好课，不舍得花时间静下心来多读几遍、多听几遍，不知道精读一本好书、学透一门好课的重要性。

我经常会这样做，每看到一本价值比较高的书，就会停下来记笔记，这种笔记不是简单的摘抄，因为摘抄只是记录当下的共鸣点，而无法放到系统中与周边知识产生联系。我一般都会做思维导图笔记，彻底弄清楚这本书中的知识点是如何被作者调用，如何被逻辑线穿起来的。并且，为了完成这份思维导图，我经常会翻好几遍书，抽丝剥茧地去找联系，把这本书的骨架找出来，从俯瞰的视角去透视这本书的逻辑结构，让知识与知识之间的联系一目了然。同时，我也养成了知识联想的习惯，有时提到一个重要的知识点，就能联想到其他的知识点，用一个知识点去撬动系统中的其他知识点，让学习融会贯通。

那么如何去选择好的教材呢？如果是阅读书，首先我建议你多阅读经典图书，一些经典的、印刷次数较多的图书都值得阅读，比如管理类的《卓有成效的管理者》《管理的实践》，个人成长类的《高效能人士的 7 个习惯》，等等。其次是关注领域名人的图书，多关注图书的排行榜，微信读书、豆瓣的评分，以及是否有名人推荐等。再次，平时也可以多留意一些高质量的公众号以及图书里提到的相关参考读物，甚至可以先去听听图书的音频版本来判断是否要去读原书，比如在得到 App 上有一个听书栏目，每周都会有新书的解读，这是一个很好的了解新书的入口。最后，当拿到一本书后，快速地浏览目录也可以判断书的内容是不是你感兴趣的。

如果是网课类的学习，一般可以从这几个维度去考察：讲师的背景、学员人数规模、课程质量以及课后运营服务质量等。其中，学员口碑和课程服务很重要，很多技能类的学习，听课和实践是很不一样的。此外，学习过程中的反馈也很重要，如果在课后的作业环节以及课程售后服务中还有一些练习辅导计划，那么对于学员来说，学习效果会好很多。比如"洋葱阅读法"的训练营在每期训练营结束后有黄金海盗挑战赛计划，能够营造阅读氛围；我主办的"导图＋卡片训练营"每期结营后也有 21 天图卡共修计划，带大家持续输出图卡笔记。课程只是带大家入门，学习后的刻意练习才会让学员真正有所行动，是课程中非常有价值的一环。

选方式，充分利用时间

当我们确定了从什么渠道选择什么教材来学习后，就需要去计划和选择适合自己的学习方式了。学习方式主要分为视、听、说、想、写、画。为了保证学习效率，我们需要采用多种感官联合学习的方式，即同时刺激多个感官，这样记忆会比较深刻。

我们喜欢在路上听或者看音频、视频来学习，但是实际上，这样的学习方式给我们留下的印象是不深刻的，尤其是只听音频的时候，会产生以下两种现象。

一是自己的思绪很容易跑偏。一方面受视觉影响，眼睛看到的场景很容易把思绪带偏；另一方面受到大脑里浮现的想法的影响，脑海里总是会浮现出一些新的想法，于是我们的注意力就会被分散，从而无法专注于听。

二是听不同的内容吸收程度不一样，被打扰程度也不一样。听比较难懂的，离自己的知识体系较远的内容，我们就容易受到打扰，从而听不下去。并且在听的时候，我们总是有一种想看文字的冲动，这是因为我们的视觉资源占据了大脑资源的一大半，所以遇到难的东西，会依赖视觉学习。而听自己容易懂的知识，则不容易受到打扰，吸收程度更高。

因此，当我们学习比较难的知识时，如果只是听音频，吸收效果一定是很差的。所以在路上学习时，我们可以选择那些比较容易吸收的知识。而对于难懂的知识，一定要选择多种学习方式，最好包括视觉化的方式，通过看文字＋画图的形式来帮助自己吸收。

虽然听的效率不高，但是我们可以用这个时间筛选高价值内容，断断续续地捕获一些有共鸣的知识点。用听的方式学过一遍后，再用整块时间学习时，就可以把它们作为深度学习的重点。还有在路上的时候，当我们不想学习新内容时，可以复习学过的知识点，或者给自己提一个问题，在路上进行头脑风暴、反思总结，这些都是有效的自我学习方式。

总体来说，学习输入环节相当于建房子前的规划阶段，建房子的用途就是目的，请多少工人在什么时间点完成施工就是目标，你要根据自己建房子的目的来选择相应的渠道购买你需要的砖块、钢筋、水泥（教材），当所有的准备工作都完成后，就可以进入正式的施工（输入）环节。所以，最后你可以借助表 1-2，检查一下自己的学习输入流程，看看都包含哪些内容。

表 1-2　学习目的模板填写表

学习目的					
目标	S	M	A	R	T
渠道					
教材					
方式					

知识加工：在脑中构建知识结构

我经常听到身边的人说：我读书特别快，一年可以读五六十本书，但是完整记住的几乎没有；我平时也写书评，做读书笔记，但是总感觉用上的不多。问题出在哪儿呢？

学习有三大误区：盲目、求多、求快。学习树帮我们解决了学习盲目的问题，输入阶段通过选择教材和输入方式帮我们解决学习求多的问题，那么如何才能做到真正内化知识呢？要回答这个问题，你需要了解我们大脑的记忆系统。

明原理，大脑的记忆系统

记忆系统： 根据信息输入经过的时间间隔和编码方式，可以分为 3 类记忆系统，即瞬时记忆（也叫感觉记忆）、短时记忆和长时记忆。

瞬时记忆： 指感官获得的 1 秒以内的信息，若不加注意和处理，很快就会消失。

短时记忆： 在没有复述的情况下，信息的保持时间为 10 ～ 20 秒。

长时记忆： 指存储时间在 1 分钟以上的记忆，一般能保持多年甚至终身，其来源于短时记忆加以复述，或者印象深刻致使一

高效学习法：用思维导图和知识卡片快速构建个人知识体系

次形成。

从 3 个记忆系统我们可以了解到，知识能在被需要的时候随时调用，前提是进入长时记忆系统，才能保持更长的时间，也意味着我们对信息的加工需要足够深刻，或者需要经过多次刺激、重复记忆才能使其进入长时记忆系统，而这个过程是需要时间的。

一旦我们的学习求多、求快，就意味着我们对单个知识点的停留时间非常短，知识自然只能在脑海中短暂停留，而无法进入长时记忆系统，进而被大脑随时调用。这就是读了五六十本书，记下的知识却非常有限，无法调用的原因之一。

除了让自己的学习慢下来，我们还可以利用短时记忆系统的另一个特性来帮助自己更好地存储、记忆知识，加快信息处理。短时记忆系统的信息容量单位为组块，根据目前记忆研究专家所达成的共识，短时记忆的容量是 4±1 个组块。组块能够有效地扩大短时记忆的容量，因为它可以是一个数字、一个文字，也可以是通过某种联系形成的一句话、一段文字、一篇文章（见图1-9）。

比如有一串数字 13978947680，如果将单个数字比作一个组块，那么这串数字一共有 11 个组块。按照正常的记忆方法，在念完 1、3、9、7 的时候，这 4 个数字就将短时记忆系统的 4 个组块容量占满了。但是如果我们把这串数字组块化，变成（139）（7894）（7680），这 11 个数字就形成了 3 个组块，只占据了短时记忆系统 4 个组块容量中的 3 个，还剩下一个组块可以容纳新的信息。那么为什么不组合成（13978）（947680）两个组块，从而释放两块组块呢？因为单个组块内的元素，最好也要贴近4±1 原则。

日常的沟通交流中，我们在把自己的电话号码告诉别人的时候，11 个数字常常会被组合成（139）（7894）（7680）或者（1397）（8947）（680），也是基于这个原理。

图 1-9　记忆组块图

根据这个原理，我们可以知道，短时记忆系统的容量空间有限，让知识从短时记忆系统进入长时记忆系统需要加长信息处理时间。那么为了提高知识加工的效率，我们可以启动大脑，增加知识之间的联系，加快释放新组块的节奏来吸收新知识。

寻结构，发现知识森林中的那条路

很多人想通过控制饮食来减肥，但如果只知道要少吃，而不明白减肥的本质是让消耗大于摄入，那么你的减肥方法很可能就是无效的。就算节食减肥有些效果，也不是长久之计，一旦你的食量增加，可能就会立即反弹。所以，正确的减肥方法是保持合理的饮食，同时通过运动提升你的新陈代谢速率，增加消耗，让消耗的能量大于摄入的能量。

知识也一样，如果我们把消化系统比作知识的内化加工系统，那么高效的知识体系，不仅仅在于输入什么知识，还在于你怎么消化这些知识，做到输入与输出的均衡。

混沌大学（互联网创新大学）创办人李善友教授曾说：所谓认知升级，不是认知内容的增多，而是认知结构的升级。在我看来，想要真正地理解、吸收知识，必须了解知识的结构。挖掘知识结构，了解知识背后的逻辑推理思路，理清从 WHAT 到 WHY 的过程，比我们看到的表象知识本身更重要，就像思考答案的过程，往往比答案更重要一样。

那么如何理解知识结构？如果你在森林中迷路了，我与其直接告诉你一个方向，不如告诉你如何根据自然现象去辨别东南西北，根据环境找到走出森林的路。告诉你辨别方向，找到出路的方法，你在下次迷路的时候还可以用，而告诉你"沿着这条路一直向下走就能走出森林"这样的方法，就仅仅局限于当下的这一片森林（见图 1-10）。这里寻找到正确方向的方法就是知识结构。

图 1-10　找到在森林中辨别方向的方法

我们大多数人在学习的时候，只是为了找到那条出路，而常常忽略了找到出路的过程。我们只是单纯地学习 WHAT，如这本书讲了什么内容，而不会思考 WHY，不会深究这个知识背后的逻辑是什么。知识本身是表象，背后的逻辑推理论证过程，才是遇到问题时可以复用的思考路径，这个思考路径就是知识结构。

知识结构在学习的过程中如此重要，但是知识结构往往是隐性的，不被作者直接表达出来。英国著名科学家迈克尔·波兰尼（Michael Polanyi）提出，知识分为隐性知识和显性知识。以书面文字、图表和数学公式加以表述的知识，是显性知识。未被表述的，我们在做某事的行动中所拥有的知识，是隐性知识。

你所看到的书本内容告诉你的是什么、怎么做，我们可以将其理解为显性知识，而在显性知识背后，有作者的写作逻辑，这是不被直接表达出来的，我们可以将其理解为隐性知识。

写作指导书《风格感觉》里有句至理名言："写作之难，在于把网状的思考，用树状的结构，体现在线性展开的语句里。"由此可知，所有我们看到的内容、听到的音频，都是作者经过网状思考、树状梳理，最后用线形的形式表达出来的显性知识。之所以采用线性表达，是为了方便读者吸收理解。我们看一篇文章，听一段音频的时候，是被动地接受作者已经加工好的知识，这些知识在作者的大脑里呈现的是一个网状结构。这个作者并没有表达出来的网状系统，即为隐性知识。正因为知识点在作者的脑海里是网状的存在，所以知识在作者的脑海里是稳定存在的。而在你这里，如果学完后，知识就像是散落的珍珠，没有形成网状系统的话，那么这些知识就容易被遗忘。如何做到像作者一样，让所有的知识点形成一个网络系统呢？一是复原，二是构建新网络。

复原。为什么是复原而不是还原呢？还原，是复习、重听的场景；复原，是通过陌学（第一次学习）去推测知识原来的网状系统的场景。你并不知道作者脑海里的那个网状系统是怎样的，所以你把这些知识点放到系统中去的时候，只能依据自己已有的知识体系去推测。就像很多古董，你并不知道它真正长什么样，只能通过历史文献或者图片去复原，而学习的"复原"，则是通过自己的存量知识去推测、发散、求证、验证增量知识。

复原知识会不会出现不精准、和原来的知识不匹配的情况？肯定会出现，但是其好处大于不匹配这个坏处。与其说你用自己原有的存量知识来尝试复原作者原来脑海里的网状系统，不如说你在构建自己的知识系统。是否还原成与作者一样的网状系统不重要，重要的是你通过这个复原过程，启发了自己的思考。新的知识点在不断地构建联系，包括新知识与新知识之间的联系、新知识和你已有的知识之间的联系，这些都成了你的知识体系的一部分，这才是真正的内化。

构建新网络。构建新网络系统的方法就是完全不需要在乎这个知识点在作者的脑海里是怎样的网状联系。你完全可以调用这个知识点，与你原来学过的知识做一个联想整合，形成一个新的网络。这个新的网络可能与作者的网络系统只有一个或者几个交集，这就是最重要的几个知识点。

不管是复原知识的网络系统，还是构建新的知识网络系统，都要调用自己之前的知识系统。要么是根据自己的知识系统的知识尝试复原新知识背后的网状系统，要么是直接让新知识与现有系统里的知识产生关联，形成结构。这其实是过往学的旧知识在学习新知识的过程中，发挥辅助理解作用的过程。而复原知识网络和构建新知识网络的过程，是知识加工的本质，也是知识输出的重要前提。

04

知识输出：骨架式输出让输出更高效

解决问题：不会做知识输出
解决方案：先做骨架式的输出，再做贴肉式的输出

本章第 3 节提到了显性知识和隐性知识，日本知识管理学家野中郁次郎（Ikujiro Nonaka）提出了显性知识和隐性知识相互转换的 4 个过程，叫作 SECI 模型（见图 1-11）。

群化（Socialization）：通过共享经验产生新的意会性知识的过程。

外化（Externalization）：把隐性知识表达出来成为显性知识的过程。

融合（Combination）：显性知识组合形成更复杂、更系统的显性知识体系的过程。

内化（Internalization）：把显性知识转变为隐性知识成为企业的个人与团体的实际能力的过程。

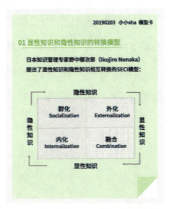

图 1-11 SECI 模型结构图

SECI 模型是企业知识管理中一个非常新颖独特的见解，在个人知识管理中也同样适用。那么，个人如何实现显性知识和隐性知识的转换呢？

群化：模仿实践，从中收获一些可意会不可言传的知识。这种现象体现在，当我们跟着一群人去学习同一件实操性的事情时，我们潜意识知道应该如何做，但是当我们需要将知识萃取出来分享给别人的时候，却难以做到。

外化：沉淀并输出自己的经验总结，以及挖掘显性知识背后的逻辑，把隐藏的逻辑结构可视化地表达出来。

融合：将已知的知识相互融合，形成更庞大的知识体系，比如在进行主题阅读的时候，将几本书中相关联的知识整合成一个整体。

内化：将学习的知识内化成自己的能力去解决实际的问题。

显性知识和隐性知识相互转换的本质是知识创造：看不见的知识外化成看得见的知识，被读者吸收；读者将这些知识内化成自己的知识实践，生产新的知识；新的知识外化出来，又被重新吸收。这个循环就像是人体造血系统，不断地生成新鲜血液，维持生命活力。

而对于个人知识管理来说，如何通过打通输入—加工—输出的闭环，从知识输入到知识创造，保持自己知识系统的更新与活力，就变得很重要。

画图学习，把知识结构显性形象化表达

知识加工阶段是寻找知识结构的阶段，知识结构比知识本身更重要。那到底怎么去找出知识结构，或者怎么培养找出知识结

构的能力呢？答案是把显性知识形象化。

我们不能把结构化的东西用一根线表达出来，因为结构必然包含很多要素与很多联系。如果我们要把多个要素和联系同时展现出来，最好的办法就是画图。将一段文字中关键的知识要点拎出来，用线条代替各种联系，所有关键点和联系形成的整体就是结构。

我们不仅仅要关注知识本身，更要关注知识背后的结构，这个结构可以迁移到你的演讲、写作中。没有研究知识结构的读者，读完一本书以后可能什么也讲不出来；而形成了知识结构的读者，根据这个结构，可以将知识还原出来复述给别人听。这是内化的过程，也是内化的好处，能让知识化为己有，使自己学有所用。

不同的知识背后隐藏着不同的知识结构，知识结构积累得足够多，你就掌握了足够多的知识框架。就像学习写作一样，不同的文章题材有不同的写法。如果你掌握了足够多的写法，那么你写作就会很轻松；如果你在吸收知识的时候只是关注那些华丽的辞藻，那么写一篇逻辑严谨的好文章对你来说就会很难。

常见的 3 种输出方式

在最开始建立输入—加工—输出的意识的时候，我们大多数人遇到的最大问题就是不知道输出什么。在这里我将输出的形式分为 3 种：摘抄式输出、骨架式输出、写作式输出。这 3 种输出方式的难度是递增的。

摘抄式输出：大多数人使用的是这种输出方式，就是看到一些有共鸣、有触动的知识，直接在电子书上画线或者是摘抄到自己的笔记本上，如图 1-12 所示。记这种类型的笔记操作起来比较容易，摘抄的知识点之间也没有非常强的联系，也不需要经过过多思考。

图1-12　摘抄式输出笔记

骨架式输出：挖掘作者没有表达出来的写作逻辑和结构，把它们找出来形成可视化逻辑结构的笔记。记这种类型的笔记需要反复研读内容，精练关键词，归类分组，经过大脑思考，最终做结构化连接。这种笔记的内容来源于作者，但是挖掘的是更深层次的内容，难度比较大，呈现的形式一般是逻辑结构图，如图1-13所示。

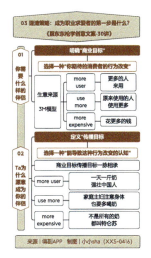

图1-13　骨架式输出笔记

写作式输出：基于对图书内容的了解，结合自己的实践经验和学习的其他知识进行融合创造，呈现多个观点或者论证自己观点的过程，呈现形式可以是写作、演讲、视频等。这类输出具有半原创性或者纯原创性，内容来源于多个方面，比如自身实践、身边案例、他人观点等，在 3 种输出方式中难度最大，但是也最有意义。通常想要进行写作式输出，但是写不出来的原因有两个，一方面是大脑没有养成联想知识、调用素材的习惯，另一方面是大脑储存的素材不够多。对于大脑联想能力弱，调用素材困难而无法输出的问题，可以通过多做骨架式输出来解决，因为做骨架式输出的时候，本身就是在刻意让大脑不断地寻找内容之间的联系，训练大脑的联想能力。通过大量地挖掘作者的写作逻辑结构，我们可以借用作者的逻辑结构，以此为骨架来做自己文章的发散思考，帮助自己激发联想调用素材，从而开始写作（见图 1-14）。

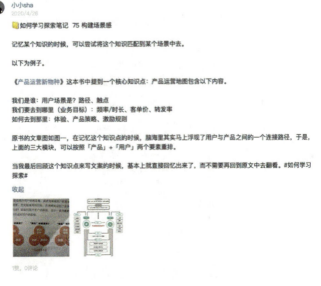

图 1-14 写作式输出笔记

骨架式输出的有效性

骨架式输出，换句话说就是画逻辑结构图。我们在知识付费平台和自媒体平台，可以看到越来越多的图片成为知识载体、传播形式，比如思维导图、知识卡片、手绘等。这些图片的出现和流行，得益于开始有一批人用画图的形式来学习。图片的出现，对于读者来说，能把知识更加全面系统地展现在读者面前，深受读者喜爱。那么对于制图人来说，骨架式输出的制图学习有效性还体现在哪里呢？

必要难度理论

我们通常觉得轻松就能学明白的知识更容易记忆，但事实恰恰相反：学习的过程比较困难，记忆的效果会更好，需要用的时候，知识也更容易提取；而那些轻松学完的知识，往往会很轻易地被忘掉，再用的时候怎么也想不起来。这个现象被描述为"必要难度理论"。

这一理论有两个基础概念：一个是"储存力"，可以理解为记忆的时长；另一个是"提取力"，可以理解为在需要时提取这段记忆的容易度。储存力和提取力呈负相关关系：储存易，不容易进入长时记忆系统，提取困难；储存难，容易进入长时记忆系统，提取方便。

举个例子，我们在学习的时候看视频教程，每个视频只有一两分钟。操作是很容易看懂的，看一遍就能记住，但是如果离开了一会儿再回来看，有的细节就回忆不起来了。此时就要增加一定难度，比如记笔记、自己回想一遍，更好的方法就是自己实操一遍。

这个理论对于我们的启发是，碎片化时代，学习变得越来越容易，在学习的过程中，知识看似变得更容易学了，但实际上，学习的获得感也仅仅存在于学习的过程中。这些知识在大脑里保存的时间并不长，因此也很难提取出来，自然也就应用不上了。

如果我们在学习的时候提高学习难度，让自己在学习时把重要知识及时放入长时记忆系统，后面调用知识的时候就会更迅速，知识的吸收和利用便得到最大化。

根据必要难度理论，我们会发现，学习知识不仅仅只是看或者听，要想办法提高学习难度，这个学习难度可以是多听几遍、多看几遍，但是最好是激发你的多个感官来学习。而骨架式输出的学习方式，就是让我们的学习难度增大，让我们不仅仅只是听或者看，而是深入知识的底层，去挖掘它的逻辑结构。

▶ 启动你的多个感官学习

学生时代我们常见的学习方法就是死记硬背。一定不要以为我们听过的知识、看过的知识，经过死记硬背后，就稳定存在于大脑里了。实践证明，学生时代我们在考试前死记硬背的知识，在考试后没过多久就全忘了，而成年人的学习也更加不能死记硬背。

我们的大脑有一个非常有趣的特性，那就是喜欢多感官刺激。启动的感官越多，知识留在大脑中的印象越深刻。"心到、口到、眼到、耳到、手到"这样的学习方式，可以让大脑在回忆知识的时候有多条线索帮助，使我们不容易遗忘知识（见图 1-15）。

图1-15 启动多个感官学习

举个例子，我们看一场电影，很多时候，可以记住这部电影的片段甚至台词，但是读完一本书要还原某个段落的内容却很难。这是因为看电影的时候，你启动了视觉、听觉，不自觉地还会发挥想象；而看书的时候，你很可能只启动了视觉。学习也是一样的，真正的内化知识，需要启动多个感官。

我们的学习方式可以分为视、听、说、想、写、画。视和听很容易理解，我们几乎每天在看文字、看视频、听音频，但是这类学习方法无法将学习结果可视化，你无法验证自己到底有没有吸收，有没有理解。

说、想、写、画却是有结果的学习方式：说出来，语言就是结果；思考，答案就是结果；写作，写出的内容就是结果；画图，可视化的逻辑结构图或者视觉笔记就是结果。所以这几种方式是可以检验学习效果的学习方式，运用这些方式学习时甚至还会利用前面的视和听两种方式，因为结束输出的前提是要输入。但是如果说，在这几种学习方式里面，只能推荐一种学习方式，我会推荐画图。

把一篇文章变成一张逻辑结构图，一定是有深刻理解才能画出来的，这加大了学习的必要难度。而在画一张逻辑结构图的过程中，我们需要用眼睛看，用大脑思考，用心感受，用手画。在画的过程中，如果你站在读者的角度去构思这张图，那么你其实在用图说话，通过图来表达知识，所以又达到了说的目的，启动了多个感官来学习。

启动全脑思考

我们的大脑分为左脑和右脑，在大部分学习中，我们的机械记忆和理解记忆都依赖于左脑工作，而较少开发右脑。实际上，研究表明右脑的储存量是左脑的 100 万倍，其记忆原理依赖于对知识的形象化记忆。形象化包括利用图形、线条、符号、颜色，把知识或者语言图像化（见图 1-16）。

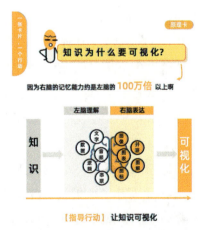

图 1-16 知识为什么要可视化

骨架式输出同时启动了我们的左右脑，用左脑梳理逻辑、理解知识，用右脑发散、想象、进行图像化表达。思考的过程是逻辑的、理性的，搭建骨架成为一幅图的过程又是偏视觉的、生动的。最后绘制的逻辑结构图，大骨架是理性思考的呈现，但是同时为了让知识更加有趣、形象、生动，可以在关键词处添加图标、图像元素，通过右脑来加强知识吸收。

知识点 1　学习树

学习树的意义：构建自己的学习树，明确到底学什么，是构建知识体系的第一步。

学习树构建的步骤如下。

①明确学习树的 4 个维度：素质、知识、能力、技能。

②根据未来想要成为的自己，搭建学习树的雏形。

③根据企业的"胜任力模型"，衍生出"岗位描述萃取法"细化自己的学习树。

学习树的好处：利用碎片时间系统输入。

学习树的应用：一个不断更新的可见的知识库，做到系统调用输出。

知识点 2　知识输入

信息处理加工需要时间，只有进入长时记忆系统的知识，才容易被我们随时调用。

人为的为知识创建练习，能够加快信息处理速度，帮助知识更好地进入长时记忆系统。

学习不在多，而在精，通过学一本好书，多读几遍，建好一个领域的知识地基，后面再学习相关领域的知识会更高效。

进行知识输入的时候，尝试为自己建立学习目标，这样就能帮助自己更好地吸收知识。

知识点 3　知识加工

知识内化加工，是寻找知识背后的结构，因为知识结构比知识本身更重要。知识结构可复用、迁移，它会教你解决问题的思路，而不是直接告诉你答案。

通过画图学习，把知识结构可视化，可以帮助我们更好地理解知识结构。

知识点 4　知识输出

常见的输出有 3 种：摘抄式输出、骨架式输出、写作式输出。骨架式输出是写作式输出的基础。

骨架式输出的有效性：根据必要难度理论，输入越难，调用越容易；启动多感官学习，让知识在脑海里的存在更具体、更形象，学习效果更好；启动全脑思考，挖掘知识结构图像化表达，更有利于大脑记忆。

第**2**章

拆解：新思维导图学习法

构建自己的知识管理系统，是根据自己未来想要成为的样子来规划自己的学习树学什么。在整个知识输入一加工一学习的闭环中，知识结构在知识加工的环节特别重要，因为能否挖掘知识结构决定了知识的吸收率，能否应用结构决定了知识输出的效率。本书会为你介绍两种探索知识结构的骨架式学习笔记法，分别是思维导图笔记法和知识卡片学习法，其本质是逻辑结构的可视化呈现。本章为你介绍骨架式输出的第一种方法：新思维导图学习法。

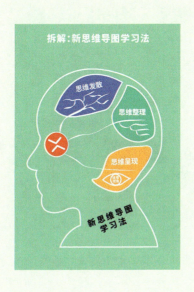

01 思维导图发展的 3 个阶段

从 2016 年开始用思维导图记笔记以来，我通过思维导图吸引了近 2 万名粉丝，并且靠思维导图笔记建立了自己的个人品牌。但是同时也一直有另一个声音在我耳边响起：你的图不是思维导图，你的图好像和传统的思维导图不一样。每次听到这种声音的时候，我的内心都很淡定，因为学习的目的是解决问题，绝不能教条主义。学习是一个不断创新的过程，既要溯源，又要结合自己的实践尝试创新，才能拥有自己的原创力。

思维导图从最开始被发明，发展到现在，经历了 3 个阶段：东尼·博赞思维导图（见图 2-1）、学科思维导图、新思维导图。

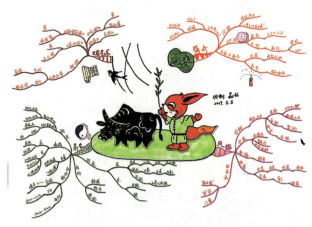

图 2-1 东尼·博赞思维导图

东尼·博赞（Tong·Buzan）在 20 世纪 60 年代发明了思维导图。他在发明思维导图之前，感受到了做文字笔记的困扰。我们往常记录的文字笔记是线性的，要么从上到下，要么从左到右，知识之间的关系和层次没有表现出来，所以不够直观；而且线性笔记往往写得密密麻麻，很有局限性，限制了自己的思考。

因此，东尼·博赞开始探索更有效的学习方式。他开始研究大脑，看了很多心理学、神经生理学方面的书，逐渐理解了大脑的工作原理。

参照脑细胞由中心向外辐射散发分支的形态结构，东尼·博赞发明了思维导图这个思维工具。虽然最开始思维导图是为了更好地做笔记而发明的，但是在后面的运用中，它更大的作用是作为一个有效的、启发思维的工具，帮助我们锻炼脑力，所以它也是一个思维发散工具。

在《思维导图完整手册》这本书中，东尼·博赞提出了思维导图的 5 个法则。

①要启动发散思维，利用我们脑细胞自然的联想过程。

②线条要非线性自然流动，线是弯曲的，不是直的，模仿的是我们神经元突触的功能。

③要用不同的颜色来刺激我们的大脑。

④要有图像，因为大脑对图像的记忆力比非图像的记忆力高 60 000 倍。

⑤要一根线条一个词，有呼吸的空间，帮助自己大脑进行更好的想象。

东尼·博赞也提出了一张合格的思维导图的构建规律，一共有 8 条，具体如下。

①是否在一张横向放置、没有横线且至少 A4 大小的纸张上画图？

②中心图是否位于纸张中央，且至少包含3种颜色？

③中心图是否有吸引力？

④如果中心图包含一个词，这个词是否有3D效果或者是否有有趣的排版？

⑤主干是否涂了不同的颜色？

⑥每条分支上是否仅有一个词？

⑦主干是否延伸出适量的子分支？

⑧是否自始至终使用图像？

由此可以看出，东尼·博赞思维导图的最主要特点是横向，中心主题在图的正中间，不同分支用不同颜色来绘制，一线一词，自始至终都要使用图像。并且，东尼·博赞也提出了一些不能与思维导图混淆的图表，比如蜘蛛图、概念图、金字塔图、鱼骨图、旭日图等。

目前，大多数人用的都是东尼·博赞思维导图。这类思维导图采用手绘八爪鱼形式，一线一词，灵活自由，能帮助自己做有效的思维发散。因此，这类思维导图常用的场景是项目策划、头脑风暴、问题分析等。

学科思维导图

思维导图的第二阶段是学科思维导图（见图2-2），由刘濯源教授在2002年提出。刘濯源曾受聘于华东师范大学现代教育研究所，担任思维可视化教学实验中心主任，他将学科思维导图应用在"思维可视化教学体系"中。学科思维导图指的是以层级结构为主或以图示组合的方式对学科知识体系进行解构、建构、重构的过程。它可以让学习者在制作过程中发现学科思维的本质，最终实现学科思维的内化，促进学习者心智结构的发展。

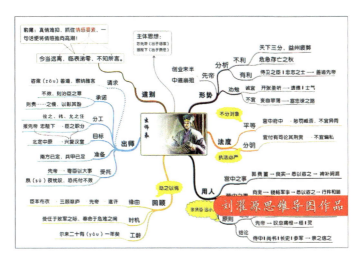

图 2-2　学科思维导图

刘濯源教授谈道：东尼·博赞思维导图所倡导的自由发散式的思考并不适合中国的学科教学，因为任何一个学科都有自己严格的知识结构及规律，不尊重学科本身的特点，想到什么就画什么是行不通的。而在网络上大量传播的思维导图基本上都是东尼·博赞思维导图，所以用在教学上效果并不理想。因此，刘濯源提出了"学科思维导图"的概念，并使它成为"思维可视化教学体系"中一个比较重要的教学工具。

我们可以这样理解二者的区别：东尼·博赞的思维导图强调的是放射性思维，只要想到的就是合理的，重视发散后的记忆；而学科思维导图更注重学科本身的内在结构，思维导图里的各个知识点，只有关系非常清晰明确的时候才可以连接，要在尊重学科内部联系的基础上来画图，对知识要深加工，注重通过理解来记忆。

所以，绘制学科思维导图训练的是绘制者的逻辑思维能力。

一张好的学科思维导图，对于绘制者的要求也非常高，需要绘制者有比较强的逻辑思维和深度思考能力，而且要充分理解学科知识，只有这样才能绘制出精准度比较高的思维导图。

新思维导图

从 2017 年开始，为了符合移动互联网的特点，网络上出现了竖屏思维导图。除了竖屏思维导图外，还有越来越多融合了思维导图与蜘蛛图、概念图、金字塔图、鱼骨图的图，形成了结构多元的思维导图，我将这类图称为新思维导图。

新思维导图的关键词是思维，围绕思维这个关键词，可以将思维导图看作一种促进思维发散、整理、呈现的工具，不局限于八爪鱼形式，也包括逻辑图、旭日图、概念图、金字塔图、图解等。它可以是单个类型的图，也可以是多种图的组合使用，只要是有助于思维发散、思维整理、思维呈现的图，就可以统称为新思维导图。新思维导图结合了东尼·博赞思维导图和学科思维导图的特点，使用场景更为全面。在不同场景中新思维导图可以发挥不同的功能，有不同的画法，具体可以分为以下 3 种。

思维发散图。思维发散是思维从 0 到 1 再到 N 的过程，核心思维是发散思维，目的是发散出更多的想法。思维发散图常见于我们围绕一个主题进行头脑风暴，构思方案写计划、列提纲，利用思维导图帮助自己做发散联想的场景。这种画法更注重利用放射结构来激发自己进行发散思考，分类逻辑不严谨，或者根据自己想到的直接确定分类，发散出来的内容可能是弱联系，只要自己在发散的时候有某种具体联系即可（见图 2-3）。

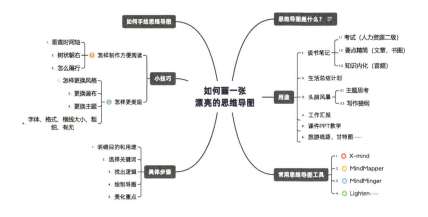

图 2-3　新思维导图——思维发散图

思维整理图。思维整理是思维从无序到有序的过程，核心思维是逻辑思维，目的是有逻辑、有条理地呈现思维。思维整理图常见于我们把自己脑海中无序的想法按照某个分类逻辑，整理成有序的内容的过程，比如整理自己工作岗位的流程图或者工作清单，还包括做思维导图类的学习笔记。我们在阅读的时候，文章的逻辑结构对于大脑来说是不可见的，也就是陌生无序的。我们把不可见的逻辑结构整理成可见的、方便自己记忆理解的思维笔记的过程，也属于思维整理的过程。在这个过程中，我们需要遵循作者原意，真实地挖掘、还原文章的逻辑，充分利用学科思维导图的制图规律，注重文字内容本身的逻辑结构的呈现，这样绘制出来的思维导图更为严谨（见图 2-4）。

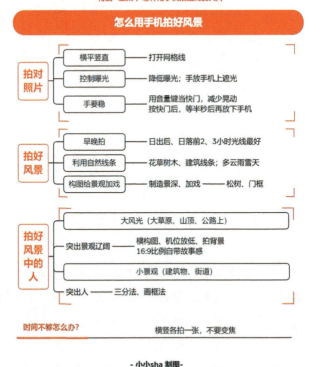

- 小小sha 制图 -

图2-4 新思维导图——思维整理图

思维呈现图。思维呈现是把思维作品化的过程，核心思维既包括逻辑思维，也包括设计审美思维。在绘制思维呈现图的时候，既需要充分理解内容、精准表达，也要注重图的排版、配色、整齐度等。所以这类图可以理解为思维整理图的美化升级版，它更注重的是作为一个知识载体把思维呈现给别人看，不能只有自己看得懂，还需要让别人也看得懂、喜欢看，对绘制者的逻辑思维和审美能力要求会比较高（见图2-5）。

基于思维呈现图，我提出了"知识设计"的概念，就是把知识设计成一张可视化作品，用简单的形状、线条还原思维的美，达到让知识更容易懂、更好看，让读者更容易吸收的目的。

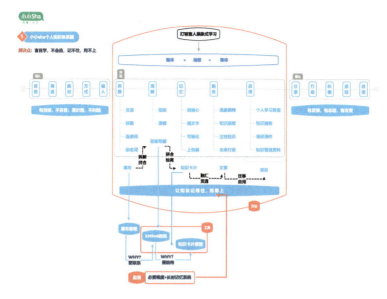

图 2-5 新思维导图——思维呈现图

在职场中，这 3 类图都比较常见。我们可以通过思维发散图来分析解决问题，通过思维整理图来理清思路、优化表达，提高学习效率，也可以通过思维呈现图来让表达更具有吸引力，从而提高知识传播效率。

手绘思维导图 VS·电子思维导图

最开始东尼·博赞式的思维导图是手绘形式的，后来随着思维导图的普及，以及我们每个人的生活都开始数字化，开始有了电子思维导图。电子思维导图和手绘思维导图各自有各自的优点，如图 2-6 所示。

类别	便捷性	长久性	传播性	可读性	画布大小
手绘思维导图	只需要纸笔	不方便保存	不方便传播	对字体清晰度有要求	受限
电子思维导图	需要软件	可长期保存	方便传播	可读性强	不受限

图 2-6 手绘思维导图 VS·电子思维导图

便捷性。手绘思维导图的制作更便捷，只需要一张纸、一支笔就可以开始，而电子思维导图需要电脑（手机）和对应的导图软件。

长久性。电子思维导图容易保存，支持保存源文件，随时可以修改迭代，而手绘思维导图则不具备这样的特点，一旦画完，

高效学习法：用思维导图和知识卡片快速构建个人知识体系

难以进行二次加工处理。

传播性。快节奏的工作时代，我们每个人都越来越注重内容的可复用性，比如一次生产，多次利用；一次创作，多人查看。而电子思维导图在传播性方面会比较好，可以方便地分发给其他需要的人。

可读性。制作思维导图的最大好处当然会由制图人获得，这个过程能够帮助制图人有效地记忆知识。但是如果把思维导图当作一件作品或者是一种内容或知识的传播载体，那么对于读者来说，电子思维导图会更加具有可读性。我们每天看到的绝大多数文字都是电子版的，手写文字越来越少。从字体的辨识度来说，清晰直观的文字会让读者更有获得感，更容易阅读，而手绘思维导图的可读性很大程度受到字体是否清晰美观的影响。

画布大小。还有一个非常重要的维度就是画布。手绘思维导图的画布会有一定的限制，不管是 A4 还是 A3 或者是更大的纸张，总有边界，在创作的时候，如果有比较多的内容，会受到限制。但是电子思维导图软件，它的画布几乎是没有限制的，你的内容有多少就可以画多大。

通过以上几个维度的对比，我们可以看到电子思维导图的优势。所以，如果需要考虑绘制的思维导图的长期性、可读性，以及传播性，可以使用电子思维导图软件绘制思维导图。常见的思维导图软件有百度脑图、freeMind、Novemind、XMind 等，在这些软件中我比较推荐的一款是 XMind 思维导图，本书中的思维导图均用 XMind 思维导图软件绘制。我从开始接触电子思维导图，就一直用 XMind 思维导图软件，总结下来这款软件有以下两个好处。

大量结构和风格模板库。XMind 思维导图软件有很多的结构和风格模板供用户选择，选择多，设计精美，是一款将思维和设计融为一体的思维设计软件（见图2-7）。

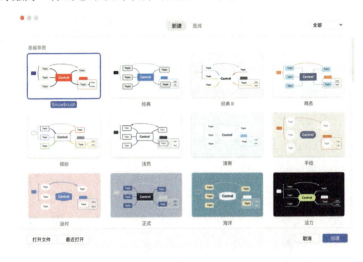

图 2-7　XMind 思维导图的风格模板库

80% 以上功能免费。XMind 思维导图软件中 80% 以上的功能都是免费功能，能够满足我们生活、学习、工作的基本需求。

思维导图具体画法指南

在《这样图解就对了》这本书中对图解有这样一个解释，就是用图形解读、解析和解答。新思维导图的 3 个用途分别是思维发散、思维整理和思维呈现。通过深度思考，把已有的大量的信息抽丝剥茧地整理成清晰的思维导图，帮助读者从俯瞰的视角更好地解读内容，把我们脑海里无序的思维整理成清晰、有条理的思维导图，清晰地解析我们目前遇到的问题，这些都属于用思维导图来解读和解决问题的过程。所以，我们也可以把思维导图看作是图解的一种方式。只是思维导图与图解比起来，更多的是梳理因果关系和总分关系，对于关键词的提取没有图解那么细致。

图解并不需要使用者会画画，只需要会提炼关键词，会画图形框和线条就可以了，因为图解的 3 个基本元素就是图形框、线条和关键词，如图 2-8 所示。常用的图解步骤为把关键词挑出来，用图形框包住，用线条连接起来。其中关键词就是核心要点和观点，用图形框线包住以突出关键词，再用线条构建两个元素之间的关系，这样，一个简单的图解就完成了。

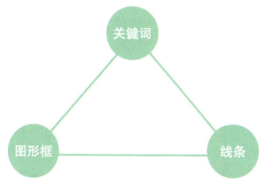

图 2-8　图解三元素

根据图解的 3 个基础元素和 3 个基础步骤，我们可以定义思维导图的 3 个基础元素为关键字 / 词 / 句、主题框和线条，如图 2-9 所示。在这 3 个基础元素中，最关键的是关键字 / 词 / 句的提取，其次是主题框和线条的使用技巧。

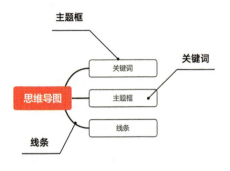

图 2-9 思维导图三元素

关键字 / 词 / 句

在传统的思维导图中，制作法则是一线一字 / 词，但是在新思维导图中，我们提炼的内容并非一定要是字或者词，也可以是句子。因为我们在发挥思维导图的记笔记功能时，核心目的是解构文章的逻辑关系，拆解出不同大小的内容组块，理清楚组块之间的关系，来帮助我们进行理解，但是这个内容组块不完全以字词划分，有时候也需要扩充到句子。所以关键字分为以下两种类型。

第一种为关键字 / 词，可以从文本中提炼已有字词，也可以自行概括总结。

第二种为关键句，一般文案、概念或金句会以关键句的形式呈现， 如将其拆解成字词形式，反而会影响知识交付力和情感表达，增大读者的理解难度，如图 2-10 所示。

高效学习法：用思维导图和知识卡片快速构建个人知识体系

图 2-10　图中信息用句子呈现

主题框和主题

在关键字 / 词 / 句外添加一个形状框，二者结合在一起称为主题，因此关键字 / 词 / 句外面的形状框又称为主题框。我们简单把主题分为 3 类：中心主题、分支主题、子主题（见图 2-11）。

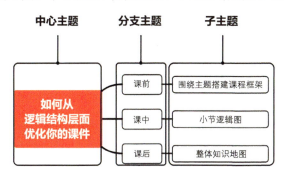

图 2-11　中心主题—分支主题—子主题

中心主题是指一张图的标题，可以是一个会议主题，也可以是一本书的名字、一篇文章的标题、一个演讲的标题。

分支主题是围绕中心主题的逻辑分支或者是发散维度。

子主题是一级分支下的第二级分支，一般是思维导图的具体内容。

在画思维导图的时候，应根据内容先构建中心主题，再绘制分支主题，最后再绘制子主题。用形状框将关键字/词/句包裹住的好处是让信息组块更加明显，让思维导图之间的层级关系更明确。同时，主题框通过设定不同的形状、样式和颜色，也可以提升思维导图的层次感。

线条

线条构建了主题与主题之间的联系，尤其是能起到逻辑线索的视觉引导作用。在思维导图中，相邻的主题与主题之间呈现的关系多为因果或者总分关系，但是在很多时候，一张图的信息单元之间，还有更多复杂的联系，如流动关系、对比关系、包含关系等，这些都可以用线条在图中标识（见图2-12）。

图2-12 表现比较关系

那么根据思维导图的思维发散、思维整理和思维呈现用途，在绘图的时候，也有一些小技巧和步骤关系。

思维发散图。对于八爪鱼形式的思维发散图，可以先不断地生成主题框和线条，以激发自己不断地输出新想法。

　　思维整理图。先提炼出关键字 / 词 / 句，再根据信息单元之间的不同逻辑关系来构建主题框和线条。

　　思维呈现图。在思维整理图的基础上，通过颜色、层次、排版等来优化视觉效果。

03 思维发散：借助思维模型让发散更全面

在第 1 章中，我们提到可以通过人、事、网、书来学习，目的是解决问题。而在现实生活中，为了更高效地解决问题，我常常用思维导图这个工具，借助它促进思维发散的功能，来帮助自己高效处理问题。

思维发散可以分为两个类型，一个是自由式发散，另一个是框架式发散。

自由式发散，就是面对一个问题或者提议时，利用思维导图这个工具来启发我们做头脑风暴，这时候我们想到的内容不一定要有逻辑，只要把想到的都呈现在思维导图上就好。

常见的应用场景就是围绕一个策划主题或者议题画头脑风暴式的思维导图。此时，只要想到的就是合理的，先不考虑它的可行性，直接把想法放到思维导图上。这样发散的好处是可以激发尽可能多的想法，缺点是其科学性和严谨性有待考察。

框架式发散，就是给你一个合理的思维模型框架，在框架内发散。借助思维导图工具在框架内发散的做法，在整体上保证了思考的维度更科学，在局部上针对某一个模块的思考也更全面。因此，此时我把思维导图当作思维模型的落地工具。接下来，我将为你介绍 6 个思维导图和思维模型结合应用的案例。

思维导图 +5W1H

用 5W1H 分析法做活动策划

1932 年，美国政治学家哈罗德·拉斯韦尔（Harold Lasswell）提出"5W"传播模式，后来经过人们不断的运用和总结，逐步形成了一套成熟的"5W+1H"模式，也被称为六何分析法。将 5W1H 与思维导图结合应用，可以大大提高我们做活动策划的效率。

在做一个活动策划的时候，我们经常遇到以下情况。一是没想法，不知道怎么做，头脑一片空白，不知道从哪儿开始；二是思考不全面，经常遗漏要点，或能想到一些要点，但是零零散散的，不系统；三是流程不清晰，执行的时候沟通低效，需要向参与活动的人员做大量的解释，怎么做、在哪里做、什么时候做这些问题反复地被问到，反复地补充；四是流程不严谨，考虑不周全，规则不完善，实行起来经常会出现各种小错误。

面对以上 4 种情况，如果我们能够通过思维导图工具围绕 5W1H 这个模型做详细全面的策划，那么整个活动流程就会高效很多。我们首先来了解 5W1H 模型的定义。

1. 为什么（Why）——活动的意义是什么

首先明确做这个活动的意义是什么，在此基础上让策划更能在情感上感染参与者，加强其参与感。在明确意义的时候，我们可以从 3 个维度来展开：第一个维度是参与者，他们参与这个活动的好处，为什么要参与这次活动；第二个维度是举办方，为什么要举办此次活动，目的是什么；第三个维度是除了举办方和参与者之外的人、事、物，比如活动对于社会以及大环境的意义。

2. 人员 （Who）——有哪些角色，分别是谁，分工是怎样的

明确活动的参与人员有两个维度，分别是参与者和组织成员。参与者可以进一步分为适合参与的对象和不适合参与的对象，而组织成员则可以根据活动的所有内容进行角色划分，比如一个训练营的角色划分为运营、助教、精华官、海报官。

3. 场所 （Where）——在哪儿进行

明确不同动作的不同活动场景，让参与者知道具体动作的具体位置。思考的维度是，看看学员要做哪些事情，这些事情分别在哪些场景完成。以线上训练营为例，学员需要上课、提交作业、交流提问，那么应该明确上课的平台、提交作业的平台以及交流提问的平台。

4. 时间和程序 （When）——具体的时间节点是怎样的

明确活动的报名阶段、准备阶段以及实施阶段的关键时间节点，如果是绘制较全面的思维导图，有必要把每一天的具体事项都确定好。

5. 对象 （What）——我们要做的这件事情是什么

明确参与者的具体动作，包括要做哪些事情，做到什么程度等。

6. 方式 （How）——到底如何做，具体流程是怎样的，要准备哪些资源

明确具体的报名方式和参与方式，明确提前要做什么准备，并且要考虑到一些特殊情况的特殊处理方式。

通过思维导图按照这几个维度来策划一场活动，你可以把活动涉及的方方面面都考虑到位。当你梳理清楚了整体流程，可以再把这张全面的思维导图拆解成面向不同场景视角的几张图，比如读者视角的图和活动组织者视角的图，提炼出各自需要了解的信息。

用思维导图做策划，一方面，能帮助自己思考得更加全面；另一方面，条理清晰的呈现方式，能够让自己对活动的流程一目了然，也能快速发现问题点，使沟通更加高效。我在团队中经常用这样的形式和大家传递同步想要落地的想法，因为这种形式简单明了地可视化了我的想法，所以大家接受起来特别快，并且能及时提出问题补充不太完善的地方。

另外，思维导图从视觉上做一定的美化后，可以直接作为宣传的海报。图 2-13 是一张用 5W1H 模型做活动策划的思维导图，这张图是我们 2019 年 2 月组织公益教学活动的宣传图。当时我们就用一张这样的图，两天招募了将近 800 人参与活动，可见这样的信息传递方式是非常有效的。同时我们也发现，当我们对外呈现信息的时候，精准传递信息很重要，切记不要为了好看而损害信息传递的精确性。

所以，如果你是活动的策划者，在构思活动的时候，最好用思维导图围绕 5W1H 模型做一次全面思考，这样做能从策划层面大大提高自己的工作效率。而当团队成员都建立这种结构化思维的时候，团队的整体协作效率会非常高。

2020 年 3 月，我们突破了一个极致行动的最小周期，成立了图言卡语地区学社。这个想法从萌生到探讨、策划、准备、执行、落地的时间就是两天。一个线上的团队能做到这样迅速，和团队每个人的思维模式相关。团队所有人在思考和策划一件事情时，思考维度高度一致，讨论的时候非常聚焦，执行的时候任务分工非常明确。能做到如此高效，其实靠的就是每个人非常清晰的逻辑思维。

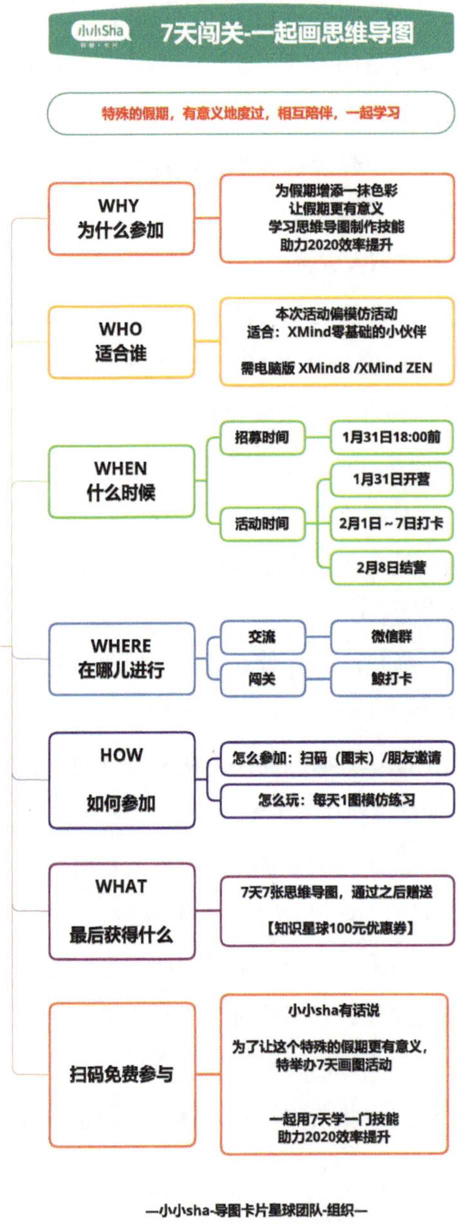

小小Sha 7天闯关-一起画思维导图

特殊的假期，有意义地度过，相互陪伴，一起学习

WHY 为什么参加
为假期增添一抹色彩
让假期更有意义
学习思维导图制作技能
助力2020效率提升

WHO 适合谁
本次活动偏模仿活动
适合：XMind零基础的小伙伴
需电脑版 XMind8 /XMind ZEN

WHEN 什么时候
招募时间 —— 1月31日18:00前
活动时间 —— 1月31日开营
2月1日～7日打卡
2月8日结营

WHERE 在哪儿进行
交流 —— 微信群
闯关 —— 鲸打卡

HOW 如何参加
怎么参加：扫码（图末）/朋友邀请
怎么玩：每天1图模仿练习

WHAT 最后获得什么
7天7张思维导图，通过之后赠送
【知识星球100元优惠券】

扫码免费参与
小小sha有话说
为了让这个特殊的假期更有意义，
特举办7天画图活动
一起用7天学一门技能
助力2020效率提升

—小小sha-导图卡片星球团队-组织—

图 2-13 用思维导图做活动策划

思维导图 + 复盘模型

为什么要做复盘

复盘在实际生活中是非常好的成长方法。在最近一次和朋友的聊天中，他提到，某天晚上团队一起做了一次项目的回顾复盘，但自己所在团队的成员 A 在复盘中只是谈了一大堆的感受，并没有形成 SOP（Standard Operating Procedure，标准操作程序）结果。这种不能复用的成果，就不叫复盘。

他还说，很多年轻职场人根本不知道复盘时到底要做什么，只是讲自己的感受。这种没有结果的会议，对于组织者来说就是非常低效的行为和表现。

你可能已经发现，作为职场中的一员，不会复盘总结，那么在领导面前就失去了一次展现自己的机会。而你也没有通过这次复盘获得具体的成长，因为你并没有萃取出什么经验，很有可能下次做还是只能做成这样，无法进步。

复盘是围棋术语，指棋手在下完一盘棋后，会回顾自己整个下棋的过程，思考如果重新再来一次，每一步该如何走胜算才比较大。在这个过程中，需要不断地寻找对方下棋的套路和漏洞，积累更多的经验，从而提高自己的下棋水平。

其实我们的人生就是下棋的过程，每一步对下一步都有非常重要的影响。如果我们不去反思总结，那么持续的决策失误就会造成我们和优秀的人之间的巨大差距。而如果每一次我们都能复盘总结吸取教训，面对人生中的挑战，我们每一次都会比上一次的胜算大。

每次线上训练营结束后，运营团队都会做全面的复盘，每个人都会站在自己的角度来重新思考整个过程，哪些做得好，哪些做得不好，所以我们的课程、运营的迭代都非常快。

总之，如果你想让自己快速成长，一定要学会高效复盘，大到一场活动的策划，小到一次学习，都可以复盘。

好的复盘该如何做

一个好的复盘，该怎么做呢？在复盘时，很多人都陷入了思维短路的困境，要么就是自我总结总是零零散散的，没有条理，不知道总结什么、记录什么；要么就是机械式地做了一次复盘，而实际上这种复盘对下次活动并没有什么参考意义。在这里，我为大家分享一个复盘模型，一共有 4 个步骤：目标回顾、评估结果、分析原因（思路回顾）、总结规律。

第一步：目标回顾

回顾自己做这件事的目标、初心，以及你期望看到的结果，下一步的结果评估围绕目标进行，看是否达到预期。

第二步：评估结果

根据自己的目标和期望的结果评估目前的实际收获与结果，把这个结果数量化，比如设定满分是 10 分，你觉得整体可以打多少分。然后评估在这个过程中，做得好的地方有哪些，做得不好的地方有哪些。

第三步：分析原因（思路回顾）

根据第二步的评分，思考这个分数的理论依据是什么，做得好的地方，其关键原因是什么，做得不好的地方，其关键原因和解决方案是什么。

第四步：总结规律

总结一下，下次要继续沿用保持的动作是什么，马上要停止不能再使用的动作是什么，以及哪些错误一定不能再犯。

总结规律这一步非常关键，因为最后萃取出来的这些内容就是你下次行动的最好养分。以上是复盘的 4 个步骤，那么在哪些场景下应该复盘呢？遇到以下几个场景建议你复盘。

1. 突发事件

这里以我们公众号的某次事件为例。我们在一次重大的 PK 活动中，发现发布的公众号文章中有重复的图，而 10 分钟后就要组织大家开始投票，但因为公众号文章发布后图片无法更新，所以很有可能要推迟此次的 PK 活动。在事发后我们复盘了下当时的思考过程。

（1）回顾目标

初心是用公众号汇聚作品，引导大家拉票，从而在正式活动的时候，能产生较好的 PK 效果。

（2）评估结果

公众号文章中发现重复的图，只能延迟发布，但是承诺的 PK 活动还是要进行，因此只能在社群内先组织 PK，效果大打折扣。其中做得好的地方是遇到突发事情，大家表现得比较冷静，能及时处理问题，找到补救措施，但从另一方面也反映出我们不够仔细。

关于做得好的环节，我们还原了当时的几个思考方案，每个方案权衡利弊的过程都还原出来了。需要强调的是遇到突发事件应该直接找解决方案，而不是情绪化地行动。这些解决方案如下。

①不删除文章，在其他渠道补图，但是这个行为会让错误传播越来越广，所以果断放弃了。

②重新编辑发布一篇公众号文章，但是因为编辑和我的条件受限，无法在 PK 前完成。

③删除公众号文章，直接在群内发 18 件作品，效果欠佳，但

是可以确保将活动流程走完。

④推迟 PK 活动，意味着后面的活动课程都要延迟，而且临时推迟影响不太好。

所以经过分析，我们最后采用了第三种方案。

（3）分析结果和总结规律

这一步列出以后发布这种重要推文的时候，我们需要改善的点和需要杜绝的问题（见图 2-14）。

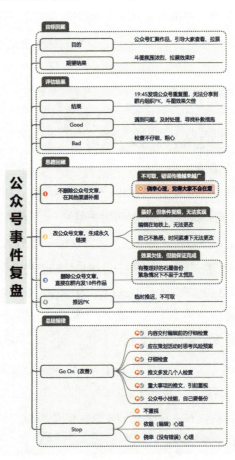

图 2-14 用思维导图做活动复盘（1）

2.大型的活动 / 项目

第二个常见的复盘场景是多个人参与，流程比较复杂的活动或者项目。项目越大，越要复盘，严格把控流程中的每一个细节，才能减少错误的发生，而且需要全员复盘，全员复盘能推动团队的复盘效率提升。

接下来依然为大家举个例子。以某次活动为例，我做的一个活动复盘图如图 2-15 所示。

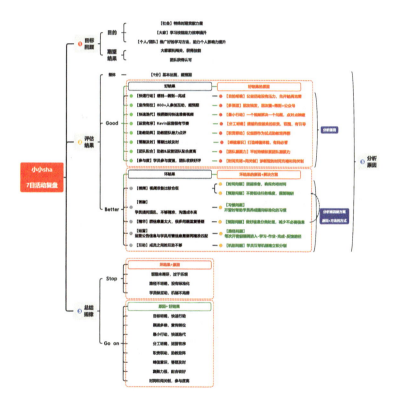

图 2-15 用思维导图做活动复盘（2）

先从团队、学员、社会的角度出发，回顾最开始举办活动的目标，以及明确期望的结果；接下来梳理做得好和不好的地方有哪些；然后明确做得好的关键步骤是什么，还可以做得更好的地方有哪些，以明确做得不够好的原因以及解决方案。

复盘过程中，需要注意以下两点。一是在分析结果的时候，记得用关键词＋具体解释的形式，让人一眼就明确是属于什么维度的；二是思考做得好的地方以及做得不好的地方时，要确定好思考的逻辑，确保每个方面都考虑到，比如图 2-15 就是围绕时间线索来制作的，按从最开始宣传到最后结果的线索来思考做得好的维度和不好的维度。

以上是我站在组织者、统筹者的角度做的一个复盘，复盘后，我能确保自己在下次的组织统筹工作中做得更好。但是，如果只有你自己梳理了，只有你自己有这个意识，团队成员的认知还达不到你的要求，那么下次活动执行起来依旧会非常费劲。因此，组织者应该组织活动的参与者，或者是自己的下属，定期做阶段性的复盘，并且让参与者都养成正确复盘的好习惯。

让团队的每个人都复盘有以下两个好处。第一，让个人站在团队的视角来观察项目中的问题，让他们树立主人翁意识，承担更多的责任，从而不断提升自己。第二，个人通过记录与观察，可以发现自己在整个工作流程中，最享受的点在哪里，最不舒服的地方在哪里，什么时候有成就感，什么时候有挫败感，以及各自的原因分别是什么，这样就可以帮助自己在下次的活动中更好地找到定位。

对于组织者来说，要求每个人都根据自己在组织中的职责，围绕某个项目做完复盘后，就可以整合每个人的复盘结果，来完善互动的 SOP，使下次活动更高效地进行。

最后，给大家以下几条复盘小建议。

首先，进行好与不好的结果分析时，注意确定好维度，维度不要超过 7 个，超过 7 个就要思考是否可以合并。

其次，为了使后期复盘更加高效，可在项目进行过程中提前和团队成员同步复盘的动作，方便大家及时记录问题点，最后统一汇总。

再次，坚持复盘并形成习惯，做到及时记录，养成快速发现问题、快速找到解决方案的习惯。

最后，用思维导图复盘有助于思维发散，能让复盘的思路和结果呈现得更清晰。

思维导图 +MTV 自我介绍法则

你可能发现了，加入任何一个社群、一个新的组织，甚至在线加个好友，我们都会被要求做自我介绍。

很多时候，我们看到别人的很厉害的自我介绍，会无比惊叹。可对于自己的介绍，就不知道怎么写，头脑一片空白，甚至觉得自己的自我介绍完全没有吸引力。

一份让人记得住的自我介绍，其实可以从以下两个维度来设计。一是有个简洁明快的自我介绍结构，二是有个抓人眼球的自我介绍形式。

有时候我们感觉自己脑海里一片空白，不是因为我们没有内容，而是有内容，自己却没有用很好的方式萃取出来，无法用结构模型来启发自我思考。因此，我给大家推荐一个常用的自我介绍模板——MTV 自我介绍法则。这个模型来源于创意王"火星爷爷"创造的自我介绍模板，结合思维导图的自我介绍形式，二者组合设计出来的自我介绍名片（见图 2-16）能让你在社群中给人留下深刻印象。接下来，我们来看一下 MTV 自我介绍法则的含义。

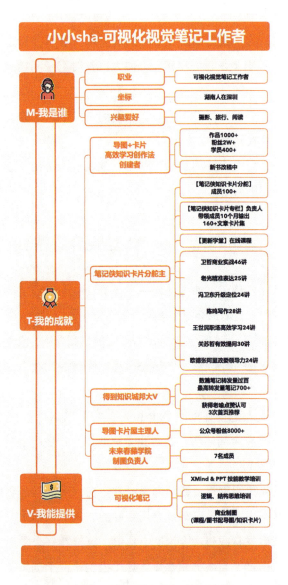

图 2-16 用思维导图做自我介绍

M—Me：我是谁

简单地向大家介绍你是谁，可以介绍你的昵称、行业或职业、所在城市或家乡、兴趣爱好等，这些都可能让与你有相同行业或职业、城市或家乡的人建立第一亲密感。

切记以下 3 点。一是不要掩盖你的职业，因为你的职业正是你比别人专业的地方；二是大胆说出你的兴趣爱好，可以拉近别人和你的距离，并产生共同话题；三是一定要自信，这是可以产生更多可能性的最好方式，也是自我肯定的表现！

T—Task：你的成就

成就 = 优势能力 + 积累方法（有数据）+ 可衡量的成绩（有数据）

例如：我是一名具有强逻辑结构思维的可视化笔记工作者（优势能力）；3 年积累 1 000+ 笔记作品，全网累积 4 万 + 流量（积累方法）；通过笔记成功开发自己的线上训练营，服务了 2 000+ 学员（可衡量成绩）。

以上案例只是供大家参考。在梳理自己的成就时，你可能会很苦恼自己没有获得过什么成就，有可能是因为你对成就的定义过高。其实仔细梳理下你的生活，每次突破自己做出改变都是你的成就事件。比如我曾经去北方义工旅行，做了 6 次旅行摄影师，赚回了行程中花费的钱。其实我的摄影水平并不高，但是我觉得这是一次突破，我就也把它当成了自己的成就事件。

再比如：早起 ×× 天；通过 ×× 天拿到了 ×× 证书；做到了 ×× 业绩，×× 天升职加薪；读书 ×× 本，写笔记 ×× 条；

参加什么训练营，获得过什么荣誉称号……

这些都是你的成就事件。仔细回顾你过去生活的点点滴滴，你回忆起来感觉很舒心的时刻就是你的成就时刻。

切记：梳理成就时，一定要量化！要量化！要量化！量化可以让我们更有成就感，也更能体现个人成就。关于量化，我们可以自己计算，或者估算一个不夸张的数值，作为初次使用的数据（后期要学会量化统计哟）。

V—Value：我的价值提供

根据自己的优势能力、积累的成就，萃取出自己可以为他人提供的服务，比如我可以教你如何用 XMind 和 PPT 制作好用又好看的知识笔记，以及如何训练自己的逻辑思维和结构思维，如何通过记笔记来建立自己的个人品牌等。

你可能是一个斜杠青年，在不同的方向都有不同的成绩。可以考虑全面梳理一次，把你觉得值得一说的都梳理出来。然后让这个思维导图源文件保持更新，后面再根据不同的场景和特定群体，挑出单一的成就和价值做成自己的自我介绍名片，分享给对方。

用思维导图来梳理自我介绍的好处就是，让你可以彻底地梳理一次自己的成就，因为它总是让你不断地完善自我介绍的内容，让你思考得更全面。

思维导图 + 成就事件兴趣能力萃取法

思维导图也是一个很好的自我探索的工具，利用它你可以探索自己喜欢什么，并从自己喜欢的东西中挖掘自己的能力和天赋。在 2018 年年底的时候，我画了一张图来探索自己到底想要成为一个什么样的人，这张图的萃取思路如图 2-17 所示。

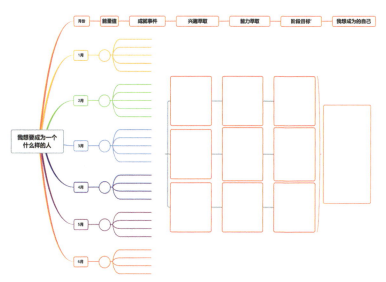

图 2-17 思维导图 + 成就事件兴趣能力萃取法

从每一个月做了哪些事情去感知、察觉我每一个月的心理能量，并且将其可视化出来。给每一个月赋予一个能量值，从这些成就事件中去感知自己的兴趣点，发现自己喜欢什么、不喜欢什么，然后萃取出自己的兴趣和能力。基于这些兴趣和能力，去规划 2019 年的重点工作，最后聚焦到在 2019 年我要成为一个什么样的人。也正是这张图，强化了我在 2018 年年底，正式开始自己的自由职业的想法。

这张图非常有实践意义，你如果也想通过这样的方式去探索最想成为的自己，可以参考图 2-17 的模板。按照这个模板，一共分为 5 步。

第 1 步。梳理自己的生活状态，并进行数据化、可视化，具体操作是为你过去的每一个月打一个分，满分是 10 分，看看你会打几分。

第 2 步。盘点当月的成就事件，具体操作是把印象中你觉得自豪的、有成就感的、被别人认可的事情罗列出来，看看你能量高的那一个月和哪些事情有关。

第 3 步。从这些成就事件中萃取出 3 个你感兴趣的领域。我经常说，将你享受的事情放大，里面就藏着你的热爱。你之所以会觉得有成就感，会感到开心，一定是你的内心喜欢它，想做更多相关的事情，那么你不妨去培养它，让它变成你的学习树。

第 4 步。从你喜欢做的事情中，萃取出你已经具备哪些能力。

第 5 步。制定目标，如果要把你喜欢的事情变成自己的第二职业，或者做出更大的成果，你还需要具备什么能力，这些能力就是你要学习、培养的方向，也就是你的具体目标。

最后，想象一下达到目标后的你，用 3 个形容词来形容，未来的所有变化、计划、行动、目标都可以围绕这个你想成为的自己展开。

思维导图 + 工作清单 / 生活原则

你在职场中会不会遇到这样的问题：每天都在做的事情，还是会经常犯错；每天做着重复的事情，觉得特别累；自己会做，但是不会教给别人怎么做；老带新，感觉很费时间。

这些问题其实都可以用一张思维导图来解决。

我在公司工作的时候，有一天我的领导给我安排了一名新人，让我来带带他，让他尽快地熟悉工作流程。当时我是公司的招聘官。招聘工作是一件既简单又烦琐的事情，简单的原因就是工作的评估指标或者 90% 以上的工作就是招人，烦琐的原因是涉及很多流程、步骤，要协调不同业务部门的人员，招聘的岗位也特别多。

如何用最快的速度带好一名新人，这是我当时面临的难题。一对一地讲一遍，可能信息量太大；在每个工作环节具体给他演示一遍，由于招聘的整个流程挺长，所以教起来也会很慢。

我当时有一个特别好的习惯，就是对工作及时进行总结归纳，并用思维导图呈现出来。因为在招聘的工作中每个岗位的大体招聘流程都是一样的，只是不同的岗位要求和面试官不一样，所以我当时为了提高工作效率，就做了 3 张思维导图，分别是招聘流程图、岗位面试清单图、电话邀约沟通清单图。

1. 招聘流程图

把岗位 80% 以上的工作用流程图的形式画出来，就能清晰地知道每个环节应该做什么（见图 2-18）。

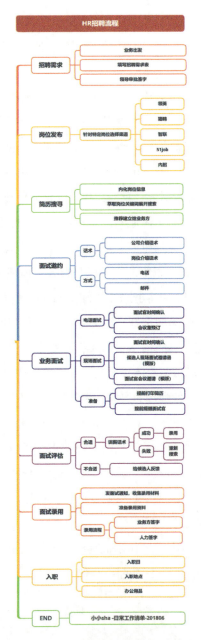

图2-18 用思维导图做招聘流程

2.岗位面试清单图

当时最难招人的一个岗位是销售，因为行业和销售产品具有特殊性和稀缺性，所以符合销售人员特征的人特别难找，考察的维度也很多。为了提高搜寻的精准度，我当时根据岗位的职责描述，萃取出关键信息，把这个岗位需要考察的内容制作成了思维导图，作为每次搜索人才、面试筛选人才的参考图，如图 2~19 所示。

找简历的时候，重点看简历上的内容是否满足销售人员的硬性要求；面试的时候，重点应用 STAR 法则来验证其是否满足销售人员的特性，确保每个维度都能了解和考察到。STAR 法则是企业招聘面试过程中常用的技巧。其中，"STAR"是 Situation（背景）、Task（任务）、Action（行动）和 Result（结果）4 个英文单词首字母的组合。

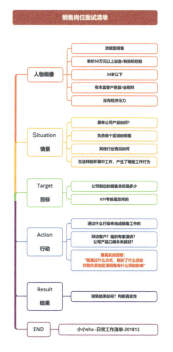

图2-19 用思维导图做销售岗位面试清单

3. 电话邀约沟通清单图

每次在网上查找简历，打电话邀约面试时，我都会在电脑上打开电话邀约沟通清单图，方便自己了解候选人的信息，防止遗漏。比如打电话前要做哪些准备，通话中要了解哪些信息，以及通话后要做哪些事情，在这张图上都一目了然（见图 2-20）。

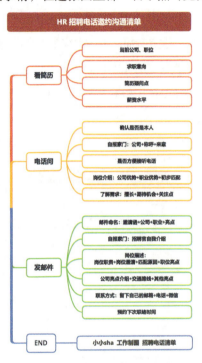

图 2-20 用思维导图做招聘邀约沟通清单

回到最开始我遇到的难题，如何快速地培养新人？当我把这几张思维导图发给他的时候，他基本就可以按照这个流程来工作了，遇到具体问题的时候再问我。用看清单 + 参照着做 + 遇到问题具体分析的形式，新人的成长特别快。

所以，我强烈建议你梳理一下自己岗位上有哪些是自己反复要做的事情，为自己的岗位制订一份岗位职责清单。把这些流程可视化出来的好处有 3 点。一是我们不能确保每一天的每一个时刻都有好状态，有一份清单能帮我们避免犯大的错误；二是当你需要带新人的时候，这些沉淀出来的经验能让新人快速地上手，节约彼此的时间；三是当我们把这些岗位知识可视化后，这些可视化知识其实是公司非常强大的知识资产，对其不断地进行优化复用，可以大大提升组织效率。

而在上文中提到的沟通清单，我觉得不管什么职业都是可以建立的，比如我们在职场中以及生活中都会涉及合作谈话，这个时候，如果需要保持高效沟通，那么建立清单就非常有必要（见图 2-21）。

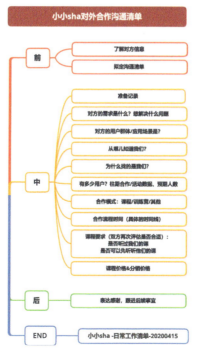

图 2-21　用思维导图做对外沟通清单

思维导图 + 学习计划图

我越来越发现，在职场上老板看中的是具有成长性思维的人。因此，新人在刚入职场的时候，会学习就很重要。既然要会学习，那根据自己的工作画一张学习计划图，也非常有必要。

我刚进入一家公司的时候，要进行转正答辩，转正答辩的最后一个环节就是基于自己的岗位，制订自己的学习计划。

我进入这家公司时感觉特别骄傲，因为这是行业内的一家龙头企业。我也特别珍惜这个机会，所以对于转正答辩，我非常用心地准备了一番，尤其是对于学习计划图的制作。我希望可以借这个机会来计划自己的学习流程，让自己更好地胜任这个岗位。

用思维导图做一个职业学习计划的具体步骤如下。一是明确你的工作岗位的大的框架流程；二是细化每一个模块的具体流程；三是明确在每一个模块中你要学习进阶的内容（即发展项）；四是明确你学习的具体目标（用数字说话）。

以图 2-22 为例，第一步，确定招聘官学习的主轴，即全局思维—需求分析—职位分析—确定渠道—简历分析—面试筛选—其他发展项；第二步，确定每个模块的具体流程和具体要进阶的内容，明确学习目标。

全局思维：了解行业和公司。

【我的发展项】了解趋势，了解公司的产品在行业中的位置，会向行外人士介绍公司的发展历史。

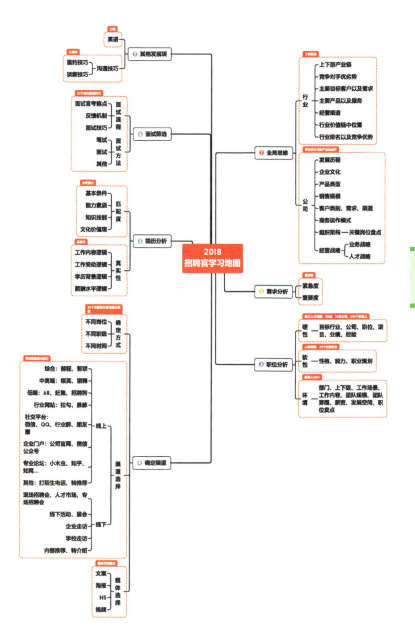

图 2-22　用思维导图做招聘官学习地图

第 2 章

拆解：新思维导图学习法

会做需求分析： 在岗位非常多的情况下，要会排序，确定优先招哪些岗位，要根据公司战略做紧急度和重要度排序。

【我的发展项目】了解公司战略。

会做职位分析： 拿到一个职位后，要根据职位 JD（job description，工作岗位说明书）筛选出它的硬性需求、软性需求，并且了解这个职位在公司内部的具体情况，包括上下级、工作内容、团队氛围等，从而精准地找到合适的候选人。

【我的发展项】围绕一个细分行业搜索 20 家公司，建立一个 500 人的人才库，绘制人才地图，输出 20 个关键岗位的人才画像。

选择合适的渠道： 根据不同的岗位、不同的职级、不同的需求时间，来确定不同的招聘渠道和不同的宣传方式。

【我的发展项】梳理 20 个关键岗位的常用搜寻渠道，掌握常用的渠道搜索技巧以及宣传载体建设技巧。

简历分析： 分析简历的真实性和与岗位的匹配度。

【我的发展项】分析能力和逻辑能力。

面试筛选： 熟悉面试流程和面试方法、技巧。

【我的发展项】输出 20 个岗位的面试卡。

其他发展项： 一些能帮助你胜任岗位的技能和能力。

【我的发展项】涉及海外人才的岗位可能要学好英语；学一些心理学知识，有助于掌握面试技巧。

由于建立了这样的一个学习地图，我在做转正答辩的时候，评委觉得我对自己的岗位认知很清晰，而且为了让自己完全胜任这个岗位，非常有规划性。所以，面对一个全新的岗位，尝试用思维导图为自己梳理一份学习计划图，不仅能让自己快速确定工作提升方向，也会让领导对你有好感。

思维整理：找到知识的结构

用思维导图在现实工作中学习，是找到思维模型，借助思维导图让思维模型落地，从而发散思维，更好地解决问题的过程；而在学习世界中，用思维导图来做学习笔记，也可以让自己的学习效率翻倍。为了更好地用思维导图拆解知识，你需要先理解写作的本质，以及拆解的逻辑。

理解：明白写作的本质

小时候，你或许有这样的经历，拆开家里的各种电器然后又装回去，通过这种方式来学习机器的组装过程，而用思维导图来拆解一篇文章与拆、装机器有异曲同工之妙。

我们把一篇文章当作是一台机器，思维导图就是拆解的工具，能把一大篇文章拆解成各种元器件，梳理清楚各元部件之间的联系后，再把它们组装回去。这个过程中经常出现的问题是，我们即便有了拆解工具，还是有种无从下手的感觉。于是有的人在做思维导图笔记时，会把文章拆解成非常大块的文字堆积；有的人则拆解得非常乱，等到要将思维导图笔记重组时，已无法还原原来的逻辑结构；还有的思维导图可读性不强，全然不顾作者的行文逻辑，完全按照自己的片面理解来做拆解。为了避免出现以上几种情况，在正式拆解之前，我们先来了解写作的原理，这样可以帮助我们更高效地拆解文章。

在开始写作之前，我们的脑海里一定是有很多想法的。有些想法是孤立的，有些想法是有连接的，而且这些想法的连接方式不一。所以，我们的思维其实是立体的、复杂的。

但是人们接受信息的方式却是线性的。要把网状的思维清晰地变成线性文字输出，这中间有一个步骤非常关键：树状结构（见图 2-23）。这里的树状结构可以理解为金字塔结构，《金字塔原理》这本书对此做出了解释：任何事情都可以归纳出一个中心论点，而此中心论点可由 3~7 个论据支撑，这些一级论据本身也可以是个论点，被 3~7 个二级论据支撑，如此延伸，最终形成状如金字塔的结构。而这个金字塔上的论点、论据都要做到：结论先行，以上统下，归类分组，逻辑递进。

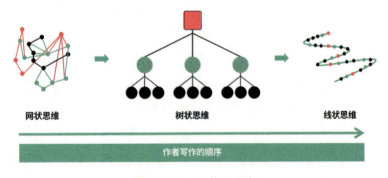

网状思维　　　　树状思维　　　　线状思维

作者写作的顺序

图 2-23　写作的逻辑

用这个金字塔结构去构思写作框架，就会有两种方式：第一种，自上而下，先确定中心思想，再围绕中心思想分几个观点展开，然后补充大量的案例素材；第二种，自下而上，先积累大量的素材，最后进行整理分类，形成每一层级的结构。

这就是写作的逻辑：把脑海里的繁杂想法架成一个金字塔，然后用线性的语言表述出来。但是我们在学习的时候，作者不会告诉你他的写作逻辑具体是怎样的，很多时候，就是长篇大论，滔滔不绝。因此，我们学习的时候就容易陷进去，如果没有养成寻找逻辑线索的习惯，可能就会看不懂。明白了写作的逻辑，我们拆解文章的时候就可以使用下面的拆解程序。

首先找出作者的核心观点，放在思维导图的第一层级。接下来是找出作者引用了哪些论据。常见的论据就是名人名言、案例、数据、研究证明、作者的亲身经历等，将这些论据放在第二层级。然后将详细的信息放在第三层级。一层一层地累加，就将线性的文字转换成了金字塔结构的思维导图（见图2-24）。

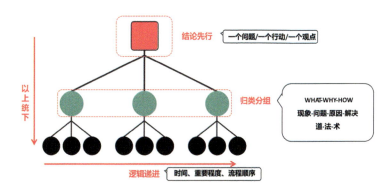

图2-24 金字塔结构的思维导图

对文章的每个部分都可以用这样的结构来呈现论据与论点的关系，最后整篇文章的思维导图就制作出来了。这种用思维导图把核心观点和具体论据拆解成一张图的过程，就是运用新思维导图笔记法的过程。

拆解：搭建大骨架

到底该如何去寻找图书的核心观点及它们的论据，本书将为你介绍两种方法，一种是按图索骥法，另一种是向上总结法。

▶ 按图索骥法

古时候，有一位厨工叫庖丁，他解剖牛和别人有些不太一样。别人看到一头牛的时候，可能眼睛里就是一整头牛，使用刀的时候，就是硬碰硬，用刀砍骨头，于是刀磨损得很厉害，经常一个月或者几个月就要换一把刀。而庖丁的刀，用了 19 年，刀刃依然锋利。其秘诀就是，他看到一头牛的时候，会在脑海里马上还原出来一头牛的筋骨结构。他使用刀的时候，是顺着肌肉的纹理、筋骨之间的间隙去进行拆解。刀刃在筋骨之间游刃有余，稍微移动，骨肉就分离了，于是牛的各个部位就像是一堆泥土一样散落在地上，自然而然地就拆解了。

这就是庖丁解牛的技巧，关注牛的天然结构，从它本身的组织脉络着手，慢慢剥离，而不是使用蛮力。用按图索骥法拆解文章和图书的时候，就像庖丁解牛，作者的文章和图书就像是一头牛，它们本身是有逻辑结构的，我们只需要去找出来，做一个逻辑结构化的呈现就好了。

为了更好地拆解知识，在这里给大家介绍一个拆解的策略，就是奔着拆解的结果去拆，具体可以按下面这样的一套程序进行。

这本书 / 这篇文章 / 这个段落 / 这句话的主旨是……为了说明这个主旨，作者提出了哪些观点？用了哪些论据来论证这个观点？

1. 拆书：看目录

拆解目的：用一句话概括这本书的中心思想是什么，围绕这个中心思想，这本书从哪些方面进行了论述讲解。

有的人拿到一本书，习惯于不看目录，甚至不看前言，就直接从头读到尾。这样的阅读习惯往往导致他们对知识的吸收效率较低。看起来是想急切地获取知识，实际上对知识的吸收是非常有限的。

如果我们没有先了解整体的框架结构，学习就像盲人摸象，只摸到大象的某一个部位，认识会比较片面、局限，无法还原大象的全貌，也就无法了解知识的真正含义。所以我们在开始学习时，需要先了解整体，也就是知道你面前的这头大象有多长、多高，有哪些部位，只有了解了大概的轮廓后，在摸象的时候，才能把局部特征还原到具体的部位中去，一点点地还原出大象本来的样子。图书的目录和前言，是作者绘制的地图和地图查阅指南，我们可以从中找到作者写这本书的目的、原因和写作思路，从而整理出这本书的知识框架。

如图 2-25 所示，从目录可以很清晰地看出这本书的结构框架，如全书分为 3 篇，第一篇是全脑演讲思维篇，第二篇是全脑演讲呈现篇，第三篇是全脑演讲实战篇；每一篇又分为具体的章和节，且章标题非常直观地告诉读者每章在讲什么内容；节标题也非常清晰，非常具体地告知读者本节的中心内容。

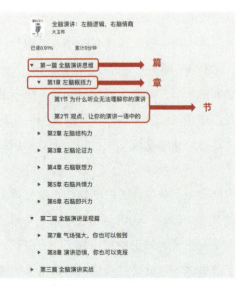

图 2-25　　看目录识章节

　　除了这种逻辑清晰直白，可以作为该书知识框架的目录之外，还有一种不甚直白型的图书目录，需要我们向上总结思考其底层框架，这种情况会在下一小节"向上总结法"中介绍。

2. 拆文章：看标题

　　拆解目的：用一句话概括这篇文章的中心思想是什么，围绕这个中心思想，文章进行了哪些方面的论述讲解。

　　拿到一篇长长的文章，我们可以通过快速阅读文章的标题来获取这篇文章的框架。通过看文章标题，你可以大概知道这篇文章分为几个部分，每个部分讲的是什么，这样在阅读的时候，脑海里就可以一直有这篇文章的路线图。比如，从图 2-26 中我们可以看到这一节作者就在讲演讲的结构，其中会具体介绍几个结构类型。有了这样的认知背景后，我们读具体内容时会更容易吸收。

节标题 **Where：阅读的场所**

小标题
　　现代社会，人们对空间的利用更加充分了，许多固定的场所，如书房、工作室、图书馆、咖啡屋等，都可以成为读书的地方。甚至连移动的场所，如飞机、列车、城市公交地铁上，也不乏埋头阅读的身影。总的来说阅读的场所无处不在，再挤的地方也总有可供阅读的空间。

　　宋代文豪欧阳修曾言："余平生所作文章，多在三上，乃马上、枕上、厕上也。""三上"不仅是构思文章的场所，也成为读书之

所。从古至今，人们都在践行这种利用"三上"读书的方式，如隋末李密牛角挂书。虽难免有"作秀"的嫌疑，但也称道一时的读书典范。今人将"马上"换成了"车上"，在车上阅读的习惯，比起古人有过之而无不及。欧阳修的"三上"空间再配上汉代重题提出的"三余"时间，即冬者岁之余，夜者日之余，雨者晴之余，阅读就成为无处不可、无时不可的行为。

　　虽然处处都可以是读书场所，但不同类型的书籍都有更适合的阅读场所。那么，怎样选择更适合的阅读场所呢？

小标题 **在安静的场所享用"主食"与"美食"**

　　阅读终究是个人行为，虽然古人云"心远地自偏"，可是，环境对阅读的效果影响很

图 2-26　看标题识内容

　　需要注意的是，几个标题组成的未必就是这篇文章的框架。因为有的段落标题，为了吸引读者注意力使用的是金句，而非段落的主旨句，所以需要分清楚段落标题是否直指主旨。

　　因此，逻辑清晰的标题可以直接提炼为知识框架，遇到过于华丽的标题，就需要我们重新构建知识框架。

　　阅读标题的另一个重要性在于让你不会轻易错过信息。我们在阅读的时候，有时会陷入这样的困惑：这段讲的是什么？为什么要讲这段？它的作用是什么？当我们感觉这段内容没用的时候，潜意识里就已经把这块内容过滤掉了，但有时候我们过滤掉的恰好是非常重要的、起着关键作用的内容。所以每次感觉一段信息没有什么用的时候，先不要急着跳过，往前翻，你会发现标题已经揭示了答案。

　　读了标题，我们可能会发现自己对这段文字的理解立刻拔高了一个层次，能覆盖到更全面的信息，这段文字的结构清晰了很多，我们更加容易理解段落想要表达的意思，从而为拆分出关键信息做好了准备。而不读标题的感觉可能就是，我们在空中俯瞰

一片森林，看到的都是枝头尖儿，可能发现某一棵树上结满了果子，但是并不知道这些果子到底在哪一棵树上。所以，阅读标题是拆分内容的关键步骤，标题往往就是这段文字的主旨或关键句子。

建议你在走神或者对于局部知识吸收困难的时候，养成回读标题的习惯，一方面回顾知识点，另一方面思考现在停留在你脑海里的知识，是否足够支撑起这个标题。这样的回顾，看起来好像减慢了读书的速度，但实际上是花几分钟去检测巩固前面的知识，帮助我们把这个重点内容记忆得更深刻。

这个潜意识的动作是在训练你的逻辑能力，因为在这个过程中你会问自己下面这些问题。

①为什么是这个标题？

②是如何定下这个标题的？

③文中讲了哪些知识点来论证这个标题？

只有把逻辑梳理清晰了，我们才能更容易地读懂文章。

3. 拆段落：寻找连接词

拆解目的：用一句话概括这个段落的中心思想是什么，围绕这个中心思想，文章从哪些方面进行了论述讲解。

要拆解一个段落的结构，有一个常用的方法就是看段落的句首和句尾，句首和句尾一般是总结概括性的语言，所以比较关键。除了看段落的首尾句外，一些连接词后的句子也是比较关键的，因此我们可以借助连接词来找出关键句子。这些关键句子可能是段落的主旨句，也可能是具体的观点、要点（见图2-27）。

（1）总结性连接词

总结性连接词后面一般连接的是一个总结性的观点，那么在做信息摘取的时候，先提炼观点，然后看观点是否容易懂。如果容易懂，具体的案例细节可以不做解释，如果不容易懂，可以补充一个比较直观的案例。

常见的总结性连接词：总结来说、所以、最后、以上、因此、由此可见……

（2）并列性连接词

并列性连接词一般连接两个类似观点，做信息提炼的时候要注意提炼完全，不要遗漏。

常见的并列性连接词：同时、一方面……另一方面……

（3）层次性连接词

层次性连接词，一般在有具体的时间、步骤流程的时候用，做信息提炼时要提炼每一个步骤的要点，不要太复杂。

常见的层次性连接词：首先、第一、然后、接下来、一方面……另一方面……

（4）转折性连接词

转折性连接词，通常连接的是两个相反的观点，而且一般会有更侧重的一个。这时候，需要加强重要观点的视觉表现，弱化另一个观点。

常见的转折性连接词：但是、因为、所以、比如、然后、那么、然而……

关注词	——萃取前——	——萃取后——
总结词	知乎有一个经典的问题，叫作：为什么那么多人开车回家，到楼下了不下车还要在车里坐好久？ 下面的回答五花八门…… 总而言之，一个字：累	为什么那么多人开车回家，到楼下要在车里坐好久才下车？ 因为：累
并列连接词	随着年龄增长，一方面，身体开始出现小问题。深夜工作家常便饭，稍微晚睡第二天就头疼…… 另一方面……	随着年龄增长： 1.身体出现小问题 2.精神走下坡路
转折词	信息整理要做好信息的反刍，而不是追逐新的信息	✓ 信息反刍 ✗ 追逐新信息
层次连接词	首先我们要唤醒“警觉网络”，注意到新信息……，随后，“定向网络”启动……;接着，我们从……，重新进入“执行网络”。	1.唤醒“警觉网络” 2.“定向网络”启动 3.重新进入“执行网络”

图 2-27　连接词示例

4. 拆句子：识别关键动词和关键名词

可视化的知识笔记表达，除了在整体的组块与组块之间要把逻辑结构梳理出来之外，还需要把组块内部，也就是句子的各个成分之间的关系梳理出来。

通过拆目录、拆标题、拆段落，我们已经把一本书的整体结构和关键句子拆分出来了，那么拆分到句子之后，我们该如何进一步拆分呢？其方法是将关键句子拆分成关键动词和名词，名词就是我们经常要用的关键词，常常是一句话的主语或宾语成分，关键名词的提炼会使内容更加精练。关键动词则可以用一些视觉符号和箭头表示。挖掘关键动词、名词可以帮助我们充分理解信息，加深记忆，也方便我们对整体构建联系。

在这里有一个小技巧，我们在创造内容的时候，如果想要提高知识的交付力，方便自己调用，激发自己做出行动，一定要明确自己需要怎么做。因此，在把一句话拆解成关键短句的时候，最好是拆解成关键动词 + 名词的组合，这样更有行动的号召力，如图 2-28 所示。

快速阅读的核心是带着问题找答案

核心

快速阅读 ——————→ 带着问题找答案

图 2-28　句子图解化

拆书、拆文章、拆段落、拆句子，是拆解不同内容体量的知识，从拆书到拆句子，颗粒度越来越小。这也是快速阅读的核心要点，即提纲挈领地阅读整体，而不是陷入到某一个局部中去。通过看图书的目录、看文章的标题、看段落的连接词、看句子的动词和名词，我们可以依次得出不同单元大小的知识框架。根据内容的难度不同，以及面向的读者不同，颗粒度的层级可以有变化。

向上总结法

在阅读的时候，我们会发现有的图书或文章的逻辑线索非常清晰，大小标题、连接词特别明显。但是有的图书或文章的逻辑线索不是很清晰，没有非常明确的标题。为了理解这些图书或文章的内容，我们需要做的就是总结其逻辑框架，这个方法我们称为向上总结法。具体步骤就是贴标签、定框架并进行标签分类、补充知识细节。

1.贴标签

看一篇比较长的文章，文中又没有明显的结构分层的时候，每读完一段文字，我的脑海里就会冒出很多标签，这些标签是概念、方法、案例、问题、现象等。所以读完一篇文章后，这篇文章虽然看起来是一个整体，但是在我的脑海里，其实已经变成了很多的碎片，这些碎片分割的依据可以是原来提到的大小标题、连接词，也可以是我们自己按照知识的属性来贴的标签。

比如在看图2-29所示的这样一篇文章时，每看一段，我的脑海里就会浮现图右侧这样的结构标签。

图 2-29 向上总结法图示

贴标签这个环节的好处是你为了贴标签，会对这个知识点进行反复思考，联想这个知识点是属于什么类型的，于是大脑在潜意识里会记住这个知识。

2.定框架并进行标签分类

我们在拆机器的时候，会拆下来很多元器件，如果没有归类整理，要用的时候可能就会找不到。所以在学习过程中，我们要充分理解拆下来的东西在整体中是起什么作用的，如果没有理解透彻，我们就会用错或用不上。很多时候，我们的知识没有用起来，就是因为我们没有理解知识，只是浮于表面。

按图索骥式地拆解知识，拆出来的东西就很自然地按照原有的框架分了类，但是通过贴标签拆出来的内容，则需要我们自己构建逻辑框架来分类，从而帮助我们更好地记住理解知识。为了做到这一点，我们就需要积累常见的逻辑框架，比如：WHAT（是什么）—WHY（为什么）—HOW（如何做）；问题—原因—解决；道—法—术；过去—现在—未来；宏观—微观。

基于我们贴好的标签，再结合常见的逻辑框架，我们可以把这些知识点对号入座地放进去。比如图 2-30 中的那段文字，我们可以做这样的一个整理，很自然地把标签匹配到 WHY—WHAT—HOW 这样一个结构中，如图 2-30 所示。

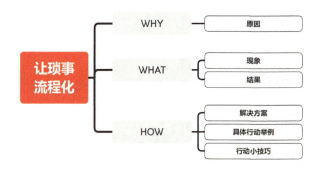

图 2-30　搭建框架

3.补充细节知识

确定好框架后，我们就可以按照这个框架来摘取信息了。标签只是一个桥梁，在实际制作笔记的时候，可以留下也可以去掉。图 2-31 所示，便是按照 WHY-WHAT-HOW 的信息框架补充细节知识后的形式。

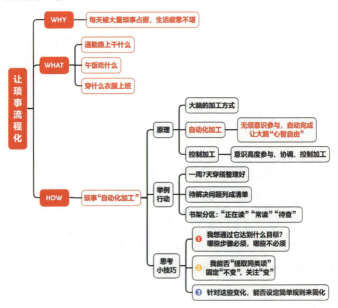

图 2-31 完善框架

掌握了向上总结法的操作步骤，接下来让我们了解一下向上总结法的应用。

结构不明确的内容，最典型的是故事。故事是感性的，作者通常在人物和情节的刻画上花了很多的笔墨，读者很容易陷入惊心动魄的情节中。但是一个好故事的背后，往往都有一个好的故事结构，所以如果我们也想写出好故事，就需要去拆解好故事的结构并且化为己用。最常见的故事结构是背景—冲突—高潮—结果。

背景：交代时间、人物、地点。

冲突：交代发生的冲突。

高潮：解决冲突的关键时刻。

结果：最后的结局。

因此，如果我们在看故事类的文章时想要挖掘故事背后的结构，我们的脑海里可以前置一个结构，然后在阅读的过程中按照这个结构去梳理逻辑线索，以方便自己记忆。

有了这些框架后，我们对知识的记忆就不是零散的而是系统的了，容易由一点想到另一点。这里有一个强化知识记忆的方法，就是每次看完一篇文章后，我们用这样的一句话来总结出这篇文章的框架：这篇文章／这本书／这个课程用了_____的框架，讲了_____的内容。

思维导图读书笔记法

思维导图是帮助我们拆解文章的工具，当你刻意练习一段时间后，可以在自己的脑海里画思维导图，而不必每次都用电子思维导图或手绘思维导图把知识框架还原出来。画思维导图本身不是目的，训练思维才是我们的目的，思维导图始终只是训练思维的工具而已。

我们可以根据自己对所学知识的掌握程度，来确定思维框架的颗粒度大小。我们也可以根据不同价值的图书课程，选择做不同深度的读书笔记。画思维导图适合用来做深度阅读型的笔记。不同类型的图书，思维导图的侧重点和画法也不一样。在这一节，我将为大家介绍我的阅读流程。

1. 确定阅读目的

根据自己的目的或需求来选书，比如培养兴趣爱好、陶冶情操，补充专业知识，为提升某项能力做理论学习，为长期规划做准备，为了拓展知识边界等。

2. 选择学习方式、渠道、图书

根据自己对知识学习深度的需要选择学习方式。如果只是想大概了解一本书，可以通过听书较快地掌握书的主旨内容和精华，这时可以选择樊登读书会、得到 App 等一些听书平台听书；如果想深度阅读整本书，则可以在购书平台购买图书进行阅读，或者通过掌阅、微信读书 App 搜索电子书阅读。选择的图书最好符合我们第一步确定的目的，对于目的之外的书，应该作为次要选择。

比如，我想通过阅读弥补专业的招聘知识，让自己更熟悉招聘流程，提高招聘效率，通过同行同事推荐，我选定了《把招聘做到极致》；我想通过阅读实现 HRBP 岗位的转型，通过网络书评选定了《HR+ 三支柱》；我想通过阅读弥补雇主品牌方面的知识，就自己制订了一个雇主品牌的学习方案，并通过网评评分选择了《人才吸铁石》。

3. 快速浏览一遍判断图书的价值

确定图书后，应先快速浏览一遍，以判断该书的价值。速读步骤如下。

快速翻阅图书的目录，了解这本书的大概结构，并选择一个你觉得感兴趣的章节翻看阅读，检测这部分内容是不是你想了解的。扫读其他部分的大小标题和每章首尾的介绍，整体判断这本书的内容对于你自己来说是零食型的，还是正餐型的。所谓零食型的就是图书的内容只需要大概了解就好，没有必要深究读透；正餐型的就是这本书里有很多对于你来说有价值的内容，值得好好理解并消化吸收。

根据一本书的难易程度，我们可以把适合做思维导图读书笔记的类型分为 4 类，分别是共振导图、目录大纲图、知识地图和逻辑结构图。前 3 种导图的制作难度逐次递增，第四种导图的制作难易程度根据图书内容而不同（见图 2-32）。

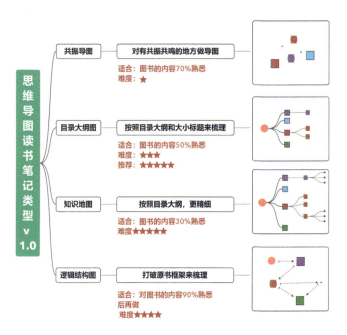

图 2-32 4 种类型的思维导图读书笔记

1. 共振导图

适合：自己对该书所介绍的知识领域有一定知识储备。

步骤：边看边画，先根据目录搭建思维导图框架，再补充有共鸣的细节。

适应场景：自己对这本书的大部分内容已经了解了，所以挑出与自己有共鸣的重点画思维导图，并且因为已经大致理解，颗粒度可以稍微大一点，只写主要的观点，不用做具体的解释说明。对于这种与自己的知识体系内容重合度比较高的内容，其实就是摘取局部的新知识融入自己的知识体系的过程，所以这种思维导图没有必要做得很详细，如图 2-33 所示。

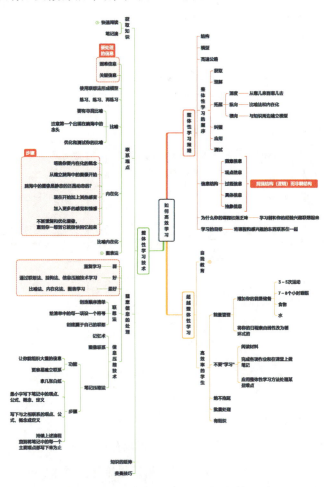

图 2-33 共振导图：如何高效学习

2. 目录大纲图

适合：一本书的内容有 50% 以上对自己来说是新知识。

步骤：第一遍速读，第二遍搭建思维导图框架，补充所有细节。

如果把原来的图书当作一棵枝繁叶茂的树，目录大纲图就是以目录为现成的主干和分支，把原来枝繁叶茂的树转移成纸上的一棵树。在目录大纲图中，框架（即一级主题、二级主题的内容区分）都是根据目录来定，然后再用具体细节进行填充。相当于画一棵树，先把枝干都捋出来，然后再一点点地画树叶。

在填充的时候，应经常激发自己思考：为什么作者会先写这部分，再写另一部分？这个过程中，自己的深度思考习惯就慢慢养成了。

在画书的思维导图读书笔记时，遇到晦涩难懂的部分，可以跳过去，先按照作者的逻辑框架把思维导图的框架捋出来，再回过头去看细节。把整个思维导图画完再去回顾局部的难点会更容易理解。这有点像做考试题，先把容易的做了，难题可以放在后面慢慢思考，先完成，再完善（见图 2-34）。

3. 知识地图

适合：一本书的内容有 70% 以上对自己来说是新知识。

步骤：第一遍速读，第二遍搭建思维导图框架，补充所有细节。

绘制知识地图会比较耗时，其相较于目录大纲图的区别是目录大纲图严格按照目录—大小标题—论点论据的形式进行树状结构的布局；知识地图则在此基础上，更加注意细节知识之间的结构呈现。如果目录大纲图相当于是一座城市的主干道，那么知识地图则是渗透到这座城市的大街小巷和标志性建筑，内容更加全面和详尽。知识地图的内容布局更像是地图的形式，而非树木的形式，如图 2-35 所示。

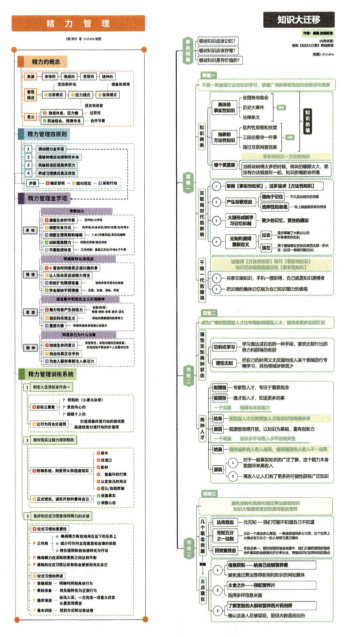

图 2-34　目录大纲图

图 2-35 《读懂一本书，樊登读书法》知识地图

4. 逻辑结构图

适合：需要理解局部硬核知识或者局部与局部之间的关系（帮助理解）。

步骤：第一遍速读，第二遍挑取关键词，精细梳理框架。

当我们读完一本书，对于整本书的每个部分想重新基于自己的理解构建联系的时候，或者对某个局部的知识，其中提到的一些关键名词、概念之间的联系比较模糊的时候，我们可以用逻辑结构图来做读书笔记。这种笔记的颗粒度会比较大，相当于完全打乱了作者的目录框架，基于自己的理解来构建逻辑框架，目的是梳理晦涩难懂的知识之间的关系。

以《透过结构看世界》这本书为例，这本书分为 3 个部分：理论篇、方法篇、应用篇。我读完之后，虽然有很强的收获感，但是又总觉得哪里不顺通，像是哪里阻塞了，无法疏通。

书中的方法篇和应用篇很容易明白，但理论篇就像一团扯乱的毛线球一样怎么也弄不明白。于是，在画完精细图后，我还是花时间读了第三遍，只读第一章，花了几个小时，边读边画。画完图 2-36 这张图后，我感觉像是打通了任督二脉，很舒服。

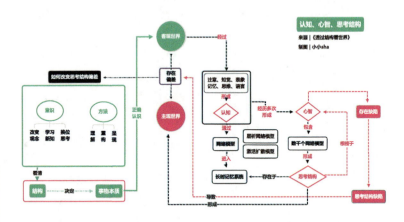

图 2-36 《透过结构看世界》第一章的逻辑结构图

思维导图制作注意要点

1. 单线程工作

很多人问，在做思维导图读书笔记的时候，是先看完书再画，还是边看书边画，或者想做好看的思维导图，是边画边美化，还是把内容准备好了之后再装饰美化。

在计算机领域，有一个名词叫作"多线程工作"，指在同一个时段，频繁地切换不同类型的工作。我们大脑的注意力是极其有限的，频繁地在不同性质的事情之间来回切换，中间需要一定时间的缓冲期，所以效率不会高。

做思维导图读书笔记也是一样的，所以建议大家先了解整体、把握全局，再聚焦核心工作，做重点信息的提炼萃取，最后聚焦结构排版和美化呈现。虽然看起来工序流程增多了，但是最后的效果会比较好。

2.不搬运，重理解

思维导图笔记与文字笔记最大的不同点，就是知识点与知识点之间的连接性。我们之前写的文字笔记，都是一条一条地把知识写在本子上，很少去建立连接，但是做思维导图笔记时，我们会把每一个知识用线条联系起来，通过加强知识点之间的联系去增强吸收。

但是有的时候，我们也会陷入这样的误区，就是照搬，尤其是在做目录大纲图的时候，可能会直接照搬作者的逻辑，不去思考作者为什么选择这样的逻辑，以及这样的好处是什么。

照搬知识，而不去深刻理解为什么，说明我们只是简单地把文字笔记放在思维导图中，在思维层面并没有得到本质上的训练。所以，画思维导图的时候，把知识放在任何一个分支上我们都要思考，为什么这个知识点要放在这里，作者的逻辑是什么。

3.视觉逻辑＝内容逻辑

内容逻辑，通过前面的介绍，大家应该都能理解，即我们所有的内容都可以分成论点和论据，也可以分成一级信息、二级信息和三级信息。

而视觉逻辑，则是通过颜色的深浅、字体或图形面积的大小来体现的。比如，面积大小相同的内容，颜色深的更容易吸引视觉；颜色深浅相同的内容，面积大的更容易吸引视觉。

所以在做呈现的时候，一级信息更重要，应该匹配更重的视觉符号，比如更深的颜色和更大的面积。如此，整个内容的呈现才会重点突出，逻辑层次分明，更容易记忆（见图2-37）。

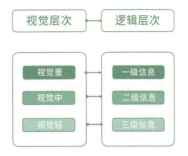

图 2-37　视觉层次与逻辑层次统一

4. 上下左右法来判断信息取舍

在用思维导图的逻辑树来梳理逻辑关系的时候，我们会发现逻辑树的子主题和母主题之间可以表示主次关系、递进关系、因果关系、总分关系，同级主题之间可以表示并列、递进、主次关系。因此，我们在做思维导图笔记的过程中，为了保证记录到要点信息，可以思考下面这样的几个问题，如图 2-38 所示。

这个知识点放到逻辑树中，是否是论证中的某一个步骤？如果是，向上（上一级主题）可以推导出结论吗，向下（下一级主题）可以推导出原因吗？如果不是，它和左右之间的关系是什么？

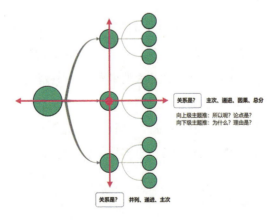

图 2-38　记录要点信息时需思考的问题

对于任何一个论点，我们通过这几个问题可以充分理解知识点与知识点之间的关系，加深自己对知识的印象，同时也能检测自己的思维导图笔记的逻辑性。如果将这个知识点放到逻辑树中，无法和前后左右构成强联系，那就可以直接删除，不作为笔记要点。

5. 有问题必有答案

在做思维导图笔记的时候，你可能经常会受困于找不到逻辑。在这里给你一个小锦囊：有问题必有答案，有答案必有问题。

看文章的时候，你可能会发现有些文章的小标题就是一个问题，或者文段中会突然出现一个问题，但是在接下来的内容中，并没有给出直观的答案。这个时候，你一定要有这种意识：有问题必有答案，有答案必有问题，有因有果逻辑才清晰。

如果出现了一个问题，你看完一段文字之后，并没有找到这个问题的答案，那么你就没有读懂这段文字，做思维导图笔记的时候，图的交付力就会大打折扣。那么在找答案的过程中，哪些东西会模糊掉因果这根线呢？可能是作者描述的很长一段文字或一个案例。如果你深陷文字或案例中，没有抽离出来看案例的本质是什么，那么你就很难找到答案。

05 思维呈现：导图的商业价值

在互联网和个人品牌时代，每个人都需要一种表达方式，我们都需要思考自己的表达方式是什么。写作是一种表达方式，演讲是一种表达方式，显然，在图文时代和视觉表达时代，画图也是一种表达方式，如图 2-39 所示。

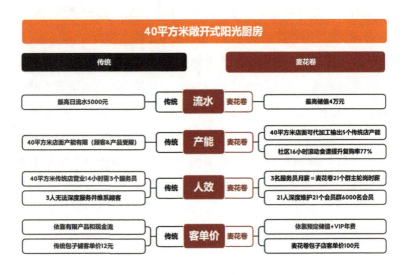

图 2-39　商业制图

人是视觉动物，你要表达什么，如果先在视觉上吸引别人，引起别人的视觉兴趣，你的表达可能会更有效。不得不说，新思维导图的产生，除了将思维可视化、使思路清晰之外，还提升了思维的美感。从思维混乱，到思维清晰有条理的呈现，最后到加

106

高效学习法：用思维导图和知识卡片快速构建个人知识体系

上色彩和排版等设计元素来呈现，思维导图带来了无限可能性。它提升了思维的美感，降低了设计的门槛。

公众号"笔记侠"从 2017 年开始，也开创了思维导图栏目，将一些好看的文章进行二次加工，用思维导图的形式再呈现一遍，如图 2-40 所示。对于已经读过原文的读者而言，可以通过思维导图巩固知识；对于没有读过原文的读者而言，可以通过思维导图快速预览这篇文章的内容，预判内容是否有价值，是否值得去读原文，如果有必要读原文，则可以通过图底部的原文链接进入原文进行深度阅读。因此，思维导图起到了放大好内容的作用，让好内容进行了二次传播。

图 2-40　笔记侠文章思维导图配图

基于此类内容创作的需求，市场上也出现了思维导图设计师、知识制图设计师这一类自由职业，给不同的平台提供商业制图服务。因此，我也创建了图言卡语，专注于知识的可视化设计，与更新学堂、高维学堂、未来春藤家长学院都有长期合作，为他们的课程输出导图，但是不同的是，此类导图我们是用 PPT 制作的，如图 2-41 所示。

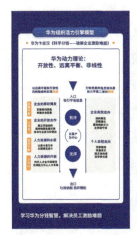

图 2-41　高维学堂商业制图

除了知识付费平台的需求，最近 3 年，我还遇到过企业做商业策划书，需要我们给商业策划书配图的；有人做自媒体，想让我们给他配图；有作者出书，需要我们给他制图；我们还看到有人直接用思维导图来做招生策划；有的学员在导图＋卡片训练营期间，就通过作品链接到合作资源，从而赚回学费；更有学员用思维导图形式的笔记吸引了无数粉丝，加持了他的个人品牌。

所以，思维导图的思维呈现用途其实是把思维作品化的过程，强调的是给用户带来的价值，除了内容清晰、有条理外，还有观赏性的价值。

如果只是自己学习用的图，可以仅仅站在自己的视角来制作，保证自己复盘的时候能看懂就好。但是作为知识服务的提供者，将图作为知识分享传播载体来用的时候，我们在站在自己的视角理解知识后，还要站在作者的视角去检查知识是否得到真实的提炼还原，更要站在读者视角来检视知识的传递是不是符合正常的视觉浏览顺序。

自己视角：目的是让自己理解知识，呈现的逻辑结构自己清楚明白即可，有时候会更改作者的原意，添加新的东西来帮助表达。

作者视角：真实地还原作者的逻辑结构，时刻反思是否带着主观因素去帮作者总结、概括，这个表达是不是作者要表达的原意。

读者视角：真实地提炼原文呈现的知识后，还要站在读者视角来检视视觉浏览顺序是否清晰，结构的呈现与知识点之间的关系是否匹配。

将做给自己看的图美化成做给别人看的图，需要以下几个能力的进阶，如图 2-42 所示。

①**阅读力**：指接受信息的速度。阅读力强的人在学习的时候学习速度比较快，在有效的时间内能尽可能多地输入较多的知识。

②**逻辑思维**：指识别判断重要信息的能力。我们很多人学习了很多知识，但是记不住，原因就是没有对信息进行识别、判断、筛选，而是全盘接受。逻辑思维强的人，在学习的时候，总是会辩证地思考知识点与周边知识的联系，以及其在整个知识体系中的重要性。逻辑思维对于制图的作用体现在对颗粒度的把握以及对核心知识点的把握上，决定着一张图的提炼是否精准。

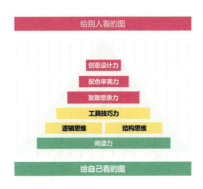

图 2-42　做给别人看的图的能力模型

③**结构思维**：指进行多个知识点之间的关系梳理并且将关系结构精准地可视化出来的能力。很多人在制图的时候，只是站在自己的视角来选择套用一些结构，但是画给别人看的图，一定要选择最直观的结构。因此，结构思维决定着一张图的呈现是否直观。

④**工具技巧力**：指使用工具来还原自己脑海里的结构的能力。工具技巧力决定着一张图是否能真实还原大脑所想象的画面。

⑤**图像思考力**：对于一些关键词，选择精准的图像来表达知识，从而吸引眼球，提高记忆效果的能力。

⑥**配色审美力**：做图时除了精准呈现内容的逻辑结构外，还

需要有一定的审美力，在配色上能吸引读者。

⑦**创意设计力**：对导图进行整体布局，对大框架进行构建，以及对一些创意进行呈现的能力。

所以，一个好的导图设计师一定是既懂内容又懂呈现的设计师，是作者与读者之间的桥梁，能帮助读者通过导图来更轻松地读懂内容。

知识点 1　思维导图的三大作用

思维发散：思维从 0 到 1 的启动过程。

思维整理：思维从无序到有序的过程。

思维呈现：思维美化成作品的过程。

知识点 2　思维发散图的具体用法

结合使用思维导图和思维模型，帮助自己解决实际生活中的问题。思维导图是思维模型的落地工具，将思维导图和思维模型结合使用，能使你的思考更加严谨、全面、系统。常见用途是做个人规划、复盘、活动策划、职业探索、工作清单。

知识点 3　思维整理图的具体用法

思维整理图常用来记学习笔记，目的是挖掘知识背后的逻辑结构。理解写作的本质是拆解再建构的过程，拆解的常用方法是按图索骥法和向上总结法。按图索骥式拆解，适合逻辑性比较强的内容；向上总结式拆解，适合逻辑线索不是很明显的内容。

知识点 4　思维呈现图的具体用法

思维呈现图一般指经过美化的给读者看的图，这类图除了在知识付费平台常见之外，还见于企业和个人要传播知识的时候。每个人都需要有一个表达方式，对于内容创作者而言，知识导图是一种新的表达方式。

第**3**章

记忆：知识卡片学习法

新思维导图学习法是骨架式输出的第一种方法，侧重于梳理出整篇文章、系列课程或者一本书的大骨架，通过将大骨架梳理出来，明确整篇内容的逻辑结构，帮助自己从整体俯瞰的视角掌握知识。在具体的学习中，我们还会遇到一些核心知识，这些知识对于你来说是能即刻发挥作用的，或者是一些高频应用的知识点。本章将向你介绍知识卡片学习法，聚焦于核心知识点的逻辑结构的可视化呈现。

知识卡片的前世今生

缘起

早在 1938 年，著名作家弗拉基米尔·纳博科夫（Vladimir Nabokov）就开始使用卡片进行创作。在几次接受采访时，他都表达了对卡片的喜爱。

BBC：您怎样进行写作？您的创作方法是什么？

纳博科夫：我现在发现索引卡片真的是进行写作的绝佳纸张。我并不从开头写起，一章接一章地写到结尾，我只是对画面上的空白进行填充，完成我脑海中相当清晰的拼图玩具，这儿取出一块，那儿取出一块，拼出一角天空，再拼出山、水、景物，再拼出——我不知道，也许是喝得醉醺醺的猎手。

某杂志：您能再给我们说说实际的创作过程吗？如萌生写一本书的想法，是因为读了一些随手写下的笔记，还是因为一部正在写的作品的片段？

纳博科夫：不说也罢。没必要对胎儿做探究性的手术，但我可以说点别的。这个盒子里装着卡片，上面有我近来在不同时间写的笔记，而我在写《微暗的火》（*Pale Fire*）时又搁在一旁。这是一小叠弃置不用的卡片（见图 3-1）。

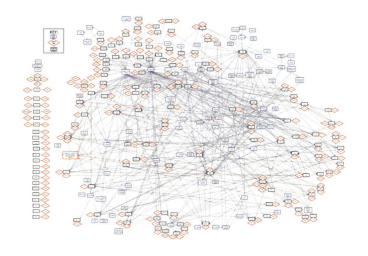

图 3-1　卡片联想写作

纳博科夫如此钟情于卡片式写作（见图 3-2），是因为这种写作方式有如下 3 个好处。

1. 必要难度理论

前文曾提到"必要难度理论"，它是指你在知识摄入的时候越容易，调用的时候就会越难；你在摄入知识的时候越难，调用的时候就会越容易。

纳博科夫增大自己摄入知识的难度的方法是，经常在事后去回忆知识点，而非当时记录。事后回顾需要你努力去联想回忆，这种回想的方式能让知识在自己的脑海中留下更深刻的印象。

2. 提升创意密度

纳博科夫使用卡片式写作的第二个好处是可以提升创意密度。很多人一开始写作就是打开电脑滔滔不绝地写几千字，将心力分散在几千字上。如果用小卡片进行创作，每一张卡片都及时记录了灵感，这会使创作的创意密度更大。

3. 卡片拼接式创作

卡片在写作中的应用是创作式的, 你不需要按照章节逻辑来写, 而是在这些卡片中找联系, 将若干卡片扩充成文章。远距离的联想能力是卡片式创作的精髓。

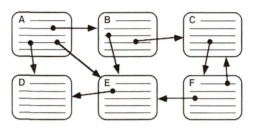

图 3-2　纳博科夫的卡片式写作

以上是卡片式创作的精髓和原理, 重点是知识卡片的 "小" 以及其主要用途是进行创作。除了纳博科夫外, 钱锺书等众多作家都提到过卡片式写作。

钱锺书在作品《围城》中, 曾经介绍过这种写作方法。

李梅亭忙打开看里面东西有没有损失, 大家替他高兴, 也凑着看。箱子内部像口橱, 一只只都是小抽屉, 拉开抽屉, 里面是排得整齐的白卡片, 像图书馆的目录。他们失声奇怪, 梅亭面有得色道: "这是我的随身法宝。只要有它, 中国书全烧完了, 我还能照样在中国文学系开课程。" 这些卡片照四角号码排列, 分姓名题目两种。

钱锺书一生记了大量卡片式笔记, 卡片可以说是他的随身法宝。由于他的作品旁征博引, 有人说他的作品是用卡片堆起来的。

当代青年知识份子阳志平在《阳志平: 万字长文说透卡片大法》这篇文章中也介绍了卡片的好处:

卡片是精致小巧的万用盒子, 因为容量小, 所以放进卡片的是线索, 是高质量的内容; 卡片是高速公路网的加油站, 让人产生远距联想，让知识和知识产生连接。

知识卡片的重新定义

我对卡片的思考，源于自己学习过程中出现的困惑。我发现在记笔记的时候，经常会有一些可以复用的模型和知识点。我想将其抽取出来，方便自己传播分享，以及当作工具卡来应用。另外，我发现当下发到朋友圈和微信群里的长文或者长图，在碎片时间的环境中很难完整阅读。因此，我开始探索一种新型的记笔记方式，想要为核心知识点找一个单独的、容易存储的知识容器，如图 3-3 所示。

真正让我开始制作知识卡片类型的笔记源于一次学习体验。2017 年 3 月，得到 App 上古典老师的《超级个体》课程启发了我对知识卡片的认识。这个专栏的特点是每一讲的后面都有一张知识卡片，一张卡片相当于一个工具，把这一讲中最核心的知识调用出来，方便自己复盘。

图 3-3　卡片式知识容器

学完这套课程后，我开始尝试制作知识卡片笔记。2017 年，我的第一套知识卡片笔记出炉了。古典老师的《跃迁：成为高手的技术》这本书里提到了很多工具，我当时的想法就是把这部分内容摘出来，用独立的卡片来承载。我把这种卡片叫作"问题解决工具箱"，言下之意就是每张卡片都可以解决一个问题，如图 3-4 所示。

图 3-4 《跃迁：成为高手的技术》知识卡片

后来，我越来越发现，当你把有用的知识点挑出来反复阅读的时候，它对你的影响真的是潜移默化的，你会记住它很久。

原来我听完一场演讲、上完一堂课、看完一本书之后，总觉得有几个非常值得记忆和保存的知识点，在今后的许多场景中可能会用到。这些重点知识点如果放在一堆文字或者大篇幅的思维导图中，很快就会被埋没在其他信息中。如果想更好地调用和记忆它们，就需要把一个很小的知识点抽离出来，找一个单独的容器来承载。这就是知识卡片笔记法，其特点是灵活、方便、对于大脑而言没有负担。将核心知识抽离出来进行单独记忆，将知识轻量化地传播分享，也是碎片化时代迎合碎片时间的、比较受欢迎的知识传播方式。

为了让知识卡片起到更好的记忆效果，我会注意在对知识的记忆保持轻量化的同时，更加注重知识的视觉化。所以在制作知识卡片的时候，我会在知识卡片上加入一些符合大脑阅读习惯的视觉化、结构化的元素。综合以上内容，我们可以重新定义知识卡片学习笔记法：在碎片化时代，把核心知识抽取出来，进行逻辑结构可视化编码记忆，形成可保存、分享、传播的记忆卡片的学习方法。

定义中的关键词是"核心知识""可视化编码记忆""记忆卡片"。核心知识要根据学习者自身的理解来选取。逻辑结构可视化编码记忆依赖于学习者对知识的充分理解吸收，再通过图形、图像等视觉符号转化出来。记忆卡片则注重用轻量化的卡片促进记忆，可以随时调用，组合使用。

知识卡片笔记与思维导图笔记的区别

思维导图和知识卡片的本质都是知识逻辑结构的可视化呈现，在制作过程中提高了学习的必要难度，通过逻辑结构可视化的方式创建知识联系，来加强大脑对知识的记忆和吸收。它们之间并不矛盾，思维导图常常单独用来梳理逻辑骨架，知识卡片则是骨架上的素材。

思维导图就像是逻辑线，知识卡片就像是珍珠，逻辑线把珍珠穿在一起就有了具体的用途，而珍珠则更为灵活，可以在单独装饰时使用。我们可以将思维导图和知识卡片结合在一起比较，具体差异表现为以下几点（见图 3-5）。

思维导图 VS 知识卡片

思维导图	VS	知识卡片
一串珍珠项链	比喻	几颗珍珠
找出逻辑（线）	目的	记忆核心知识（珍珠）
XMind	工具	PPT
理解	用途	理解+记忆+复用
整体	层级	局部
逻辑、线性	呈现	联系（图标/图解/图像）
不灵活	灵活性	灵活
一般为长图	大小	一屏图

图 3-5 思维导图与知识卡片的区别

内容范围：思维导图是系统的，知识卡片是局部的。思维导图通过梳理一整篇文章的逻辑，可以帮助我们对内容进行整体认识和理解。思维导图的梳理呈现，让每一个局部知识更为直观，从而让我们更容易抽取出局部的重要知识来制作知识卡片，方便我们后续复用、传播、分享。

可视层级：思维导图是多层级的逻辑可视化，对应的知识容量比较大，通常是对整本书、整篇文章的通篇学习梳理，用框线来连接，结构单一；知识卡片是单层级或者双层级的，聚焦于对一篇文章中的某个知识点进行单点拓展，把一个一个的知识点用图表示出来，更侧重知识内部结构的精准描述与定义。

用途不一：思维导图注重通过梳理逻辑关系帮助理解，知识卡片注重核心知识的理解、记忆与复用。

调用灵活性：在有限的时间里，面对长篇幅的文章或导图，一张非常轻量化的直接呈现重点的卡片，更符合人们的阅读习惯；我们在调用知识的时候，相比思维导图，知识卡片更灵活，也可随意组合进行知识创作。

呈现的大小：思维导图一般呈现出来的为长图或者大图，知识卡片呈现出来的则多为一屏图。

由此看来，将思维导图和知识卡片结合在一起用，就是用思维导图总览整体，疏通一篇文章的脉络，把整体的知识点用网联系起来，使单个知识点不容易丢失；用知识卡片对核心知识进行重点记忆，及时让知识进入长时记忆系统，使记忆更深刻，方便随时调用。

知识卡片的类型

根据每张卡片知识点数量的多少，我们将知识卡片分为单点卡、组合卡、地图卡。

单点卡，即萃取出非常核心的一个知识点制作的一张卡片。这个知识点可以是一个概念、一个模型、一个方法、一个原则、一个清单等，原则是卡片的知识点是独立的，可以单独传播。我经常会制作的单点卡类型如下。

概念卡：是一切知识的基石，如图 3-6 所示。

清单卡：记下一些清单，让你的工作和生活更加有序地进行，如图 3-7 所示。

原则卡：记住一些原则可以让你的生活不纠结。

模型卡：帮助你更好地解决问题，如图 3-8 所示。

任意卡：你想记录的其他知识，如图 3-9 所示。

金句卡：遇到一些有能量的句子，将其记录下来，在你失落的时候可以给你的生活补充能量，如图 3-10 所示。

图 3-6　概念卡

图 3-7　清单卡

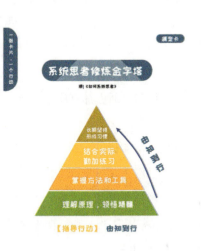

图 3-8　模型卡

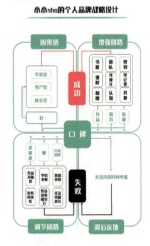

图 3-9　任意卡

图 3-10　金句卡

组合卡：由几个核心知识点组合而成，比如概念 + 现象、模型 + 应用、模型 + 金句、模型 + 案例等，如图 3-11 所示。

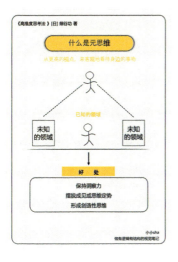

图 3-11　组合卡

地图卡： 从一篇文章或者一本书中提取出颗粒度比较大的内容来进行呈现，目的是可视化整本书最高一级信息的逻辑结构，如图 3-12 所示。

图 3-12　地图卡

02 知识卡片制作的具体方法

工具的选择

知识卡片本身作为一种载体，讲究的是核心知识的单独记录与复用。你可以根据自己的使用习惯，选择不同的工具制作知识卡片。

如果喜欢用纸和笔，可以直接用便笺纸，也可以购买卡片纸。这样的记录比较便捷，随时记录的灵活度高，缺点是不利于保存、迭代和分享。

如果有平板电脑，在平板电脑上有很多电子手绘软件，可以用电子手绘软件来制作知识卡片。这种方式的优点是呈现效果形象生动，缺点是比较考验自己的绘画功底。另一种选择就是用 PPT 来画，当然，用 WPS 或 Keynote 也可以。此类办公软件比较常用，上手快，完全能满足我们制作知识卡片的需求。另外，因为平时我们办公也会用到这些软件，所以不用去购置新的软件，这也节省了我们学习新软件的时间和精力成本，在制作课件的时候也容易调用。

如果选择用 PPT 制作知识卡片，只需在【设计】菜单栏选择【页面设置】，点击【自定义】即可设置适合用手机查看的竖屏知识卡片的尺寸。为了确保导出的图片在手机上显示效果好，一般尺寸为 30cm×40cm，如图 3-13 所示。52cm×93cm 的卡片比较常用，能确保字号为 18 号时依然看得清。

图 3-13   设置尺寸

值得注意的是，不管用什么工具制作知识卡片，你都要意识到卡片只是形式，核心是单元知识的逻辑结构化呈现，也就是将知识图解、结构化、图像化编码，以帮助记忆。

知识卡片的制作步骤

卡片的标题

卡片的标题就像文字段落的小标题一样，起到高度概括的作用，能帮助我们迅速回顾知识，对卡片的大概内容一目了然。因此，卡片的标题不但是必需的，还要突出、吸引眼球。按照我们从左到右、从上到下的阅读习惯，标题一般放在卡片的上方，并用图形或者颜色做强化处理。

好的卡片标题就像一篇文章的标题一样，决定着读者是否想详细了解卡片的内容。关于知识卡片的标题的选取，这里提供 3 种方法作为参考。

问题型：利用问题做"钩子"，制造场景来吸引人，如图 3-14

所示。

行动指南型：指导意义较强，使人看了之后就知道知识卡片给予自己的指导行动是什么，如图 3-15 所示。

干货型：让人看了就想收藏，如图 3-16 所示。

图 3-14　问题型

头脑风暴是常见的工作场景，而图 3-14 这张卡片的标题为"如何让头脑风暴更高效"。这里的问题会让读者产生思考，问题就起到了"钩子"的作用。

图 3-15　行动指南型

图 3-15 的行动指南型的标题，就直接告诉读者要扩大公开象限、打造影响力，从而引起读者了解公开象限的含义以及具体的行动意义的兴趣，进而阅读卡片。

图 3-16　干货型

图 3-16 的干货型的标题中，"六纲领"的字眼让人立刻有一种"这张卡片有干货"的感觉。

值得注意的是，有时候会出现一张卡片有多个标题的现象，比如卡片知识点的标题、图书的标题和副标题等。这个时候，一定要明确标题的层次，确定以哪个标题作为主标题，以哪个标题作为副标题，它们如何在视觉上进行区分。一般主标题就是卡片的标题，要最大限度地让读者从标题中知道卡片的内容是什么，而不是用一个大而全的系列标题，告诉读者这张卡片是某个系列中的某一张。我们可以将图书标题和系列标题作为一个副标题放在卡片的左上角或右上角，如图 3-17 所示。

图 3-17　标题要层次清晰

标题的美化突出方式有很多，如图 3-18 所示。

图 3-18　标题样式

卡片正文

　　卡片的正文部分就是核心知识的呈现部分，核心步骤是识别核心—提取关键词—结构化—补充细节—美化，如图 3-19 所示。

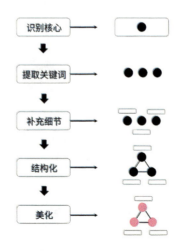

图 3-19　流程图

1. 识别核心

根据知识卡片的定义和类型，我们知道，知识卡片是核心知识的载体，这个核心知识由自己定义。如果把一本书或者一堂课比为作者烹饪的一道美食，当美食摆在你面前时，你不一定要把它吃完。你可以选择你爱吃的，可以选择营养最丰富的，也可以选择全盘照收，还可以根据你饥渴的程度选择吃主食还是水果。所以，根据你学习目的的不同，你选择的核心知识可能不太一样。

例如在阅读《老喻的人生算法课》这套课程中的某一讲的时候，我识别到的核心知识是增长黑客实战三步骤，具体如下。

假设：建立最小化闭环。

验证：找到北极星指标。

执行：设计增长决策分段增长。

整讲内容都是围绕这三部分展开，因此可以确定这部分为本节课程的核心部分。

高效学习法：用思维导图和知识卡片快速构建个人知识体系

2. 提取关键词

通过快速阅读识别出核心内容后，接下来就是提取核心内容的关键词作为一级信息。关键词一般是能够高度概括这段话的词汇，也就是这段话的总结，一般体现为名词或者动词。因此，这段文字中的具体的关键词就是"假设""验证""执行"（见图3-20）。

假设	验证	执行

图 3-20　提取关键词

3. 补充细节

以关键词为核心，我们可以细化关键词的颗粒度，抓取全文中与关键词紧密相关的信息，进行完善与补充，以方便理解（见图 3-21）。

种子	育苗实验	大规模增长
假设	**验证**	**执行**
建立最小闭环	找到北极星指标	设计增长决策 分段增长
快速试错	获取正向反馈 找到单一指标关键要素	小批量验证 控制节奏 聚焦团队

图 3-21　补充细节

4. 结构化

为了让一张卡片看起来更立体，让知识点之间的关系表达得更清晰，结构化是制作知识卡片的重要步骤。

知识晶体是知识卡片的核心。结构在知识卡片中起的作用就犹如我们建一座房子的时候要先打好地基、铺好钢筋一样，只有地基和钢筋扎实了，最后的知识才会稳固、不倒塌，我们对于一个知识点才能记忆深刻。

结构就是各个要素之间的链接关系，这中间不仅仅包含简单的逻辑关系，比如因果关系，也包含相交、重叠、阶梯等其他复杂的关系。因此，对纯逻辑关系我们可以用简单的线条来表示；但是当要素之间的关系稍微复杂一点的时候，呈现出来的结构也会复杂一些。如图 3-22 所示，从点状思维到逻辑线、结构思维和模型思维，所承载的知识点数量和关系的复杂度都是不一样的。

点状思维　　　逻辑线　　　结构思维　　　模型思维

图 3-22　点—逻辑线—结构—模型图

为了更精准地匹配结构，在梳理出知识卡片的关键词后，第一步是先看知识关键词之间的关系是什么、是否可以结构化，然后再根据关系把它们结构化。经常性的结构化练习会让大脑里保存一些结构图谱，这样我们每次从大脑中提炼关键词时，就可以在较短的时间内直接想到对应的呈现结构，而不需要再去刻意进行分析与匹配。

常见的结构图谱如图 3-23 所示。

图 3-23 常见的结构图谱

5. 美化

结构化可以帮助我们确定大的逻辑框架。美化步骤是制作知识卡片的点睛之笔，包括在一些有关键词的地方插入一些形象化

133

的元素，以及调整卡片的整体配色，从而能够帮助我们更好地记忆知识。知识卡片的制作原则为"重知识、轻设计"，所以，在美化环节只需注意以下几点就可以了。

（1）配色

配色尽量使用三色，选一个主色、一个辅色、一个跳色。主色作为大面积背景使用的颜色，建议选用浅色，浅底深字看起来比较舒服，而深底浅字会让读者产生视觉疲劳。辅色作为第二大量使用的颜色，可以作为第二底色使用。跳色则是强调重点的颜色。颜色可以根据主题内容来定，比如偏商业、科技方向的内容，以冷色系为主；生活化的内容，则以暖色系为主。除了自己配色之外，还可以从图书封面、课程宣传图取色；另外，平时也可以关注身边一些看起来很舒服的配色，还可以在微博上收藏一些色卡。在我们不善于用色的时候，最好选用浅色，或者使用单色，选择单色的明暗度不一样的两种颜色作为主、辅色（见图3-24）。

主色
大面积使用的
背景底色

辅色
第二大面积
使用的颜色

跳色
起强调作用的
颜色

图3-24　颜色参考

（2）层次分明

知识卡片中不同信息层次要有区分，做到内容层次分明，重点突出。具体可以从以下几个方面着手：对不同层级的内容格式进行差异化处理，同一层级的内容格式样式统一、字体大小统一；

放大标题，使其突出。

如图 3-25 所示，不同信息层级使用了不同的颜色，信息层次如下。

第一层：主色为绿色，用绿色填充了一级信息，即假设、验证、执行。

第二层：跳色为红色，用红色填充了阶段比喻，即种子、育苗实验、大规模增长。

第三层：关键词下的二级信息，即建立最小闭环、找到北极星指标、设计增长决策分段增长。

第四层：纯黑色文字信息。

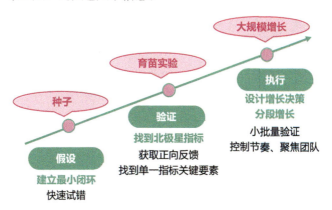

图 3-25　美化呈现

制作知识卡片就像是给知识修了一座记忆宫殿，结构就是我们的地基和钢筋，图标和图像等就是根据某种逻辑关系添加在这座宫殿上的附加装饰。我们把知识点摆放在不同的位置，通过当时的位置、形状、坐标和周围的环境来进行相关记忆，让记忆逐渐立体化。这种多重的视觉联系，让我们有更多的线索根据关键词之间的联系记忆知识。

　　卡片一定要标注内容来源，一方面是方便自己第二次阅读卡片的时候有很好的索引，快速确定知识源头在哪里，如有必要回归源头去查找信息，很快就能找到。另外，知识卡片是我们对源头知识的二次加工，当我们把知识卡片当作一种知识载体分享给他人或者做其他用途的时候，应有尊重原创的意识，备注来源。

　　个人信息在知识卡片中也是一个必要的信息。在调用、引用、分享卡片的时候，个人信息能帮助自己打造个人影响力，而且标注个人信息能有效保护自己的笔记作品不被抄袭侵权。图3-26所示就是一张完整包含以上要素的知识卡片。

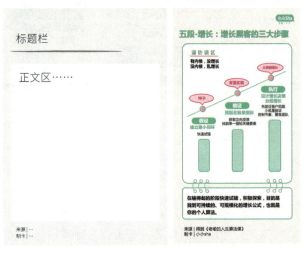

图3-26　模板和成图

脑内作图，增强知识结构化的响应速度

在做知识卡片类学习笔记的时候，为了做一张好看的或者有结构的知识卡片，很多人经常打开电脑，坐在电脑面前思考很久也难以动笔。在这里给大家介绍一个练习小技巧：当手里没有纸笔、不方便做笔记的时候，进行任何学习都可以启动"脑内作图"。给大家举一个例子，《表达力》这本书的引言中有这样一段话。

表达力5步法：高质量输入—针对性的目标—完整的思维体系—有套路的输出—不断迭代的反馈。

为了记住这段话，我停了几分钟，大脑产生了下面3个联想。

一是输入、目标、思维体系、输出、反馈这几个关键词之间是什么关系？回答：时间关系，先不断地高效输入，再明确演讲对象和自己的目标，建立完整的思维体系来构思表达的内容，然后有套路地输出，输出后再获得反馈。于是我的脑海里有了这样一条时间线。

二是输入、目标、思维体系、输出、反馈这几个词如果立体化、形象化，它们应该是什么样的图标、符号、颜色？输入和输出是相反的关系，我想到了两个不同方向的箭头。输入是从外向里，于是我想到了多个箭头聚焦到中间；而输出是由里向外，所以是多个箭头朝向外面。反馈，就是我输出后，别人给我反馈，然后我进入更改循环。目标，就是聚焦，于是我联想到射箭的靶子。体系就是有多个要素相连接，所以加了线条和各种要素。

三是如果要为这些关键词匹配一个场景，我会想到什么？我想到了演讲现场，于是刚才所说的 5 个图标就围绕在话筒旁边，形成了一幅图，还原出来如图 3-27 所示。

图 3-27　脑内作图

　　所以，如果你遇到一个核心知识点，可以考虑为这个知识点联想一些图像，在脑海里真实地还原出知识的应用现场，这就是"脑内作图联想法"。

　　另一种方法就是把作图的程序进行分段。我第一次将知识卡片作为商业交付的课程内容是《卫哲商业实战 46 讲》，这套课程的知识对于当时刚毕业一年的我来说挺难的。我经常会把内容读 5 遍以上来消化知识，然后再做呈现，而且每次读完我都很难想到合适的呈现方式。为了让自己有足够的时间想到合适的呈现方式，我经常会在早上的时候读一遍内容，记住内容的核心知识点，然后将白天观察到的事物与我要呈现的知识点进行联系，在纸上记录一些灵感，晚上回家第一时间就打开电脑开始画图。这样的作图流程既节约了在电脑面前无效的思考时间，又充分利用了生活中的碎片时间。

不同应用场景的知识卡片的制作

知识卡片由于具有轻量化的特点，因此在不同的场景中有不同的应用与侧重点。根据使用场景来划分，我们可以将知识卡片分为个人学习创作卡、知识传播卡和授课道具卡。

个人学习创作卡：注重个人学习

我们把知识卡片当作学习笔记使用的时候，完全可以根据自己理解的要点以及想要记住的知识去确定核心知识点，使其为自己所用，而且在制作形式和工具上，不局限于 PPT，也不局限于电子版。个人学习创作卡的核心是用卡片留存对自己有启发、有共鸣的知识点，一方面方便自己在学习的当下深刻记忆，另一方面方便自己将来联想记忆和创作。

当我们把知识卡片当作一种笔记形式的时候，我们最大的问题就是，不知道一本书要制作多少张卡片，以及该提取什么知识点。要解决这个问题，首先我们一定要有一个意识：学习是为了解决问题。我们在阅读一本书的时候，最主要的是捕捉自己需要的知识点。知识卡片的数量不是目的，能有效地解决你的问题才是目的。所以，把你需要记录的知识记录下来即可，能做成多少张卡片就做成多少张卡片。

我们可以把书分成两种类型，一种是逻辑式的，另一种是散点式的。

1. 逻辑式

逻辑式的书，即章节之间的逻辑非常严密，推理论证关系非常强。对于这类书，你可以提炼一些核心的论点、论据制作组合卡片，也可以直接提取书中提到的具有说服力的模型、概念和核心观点制作单点卡。在呈现这类书的时候，尤其要注重知识点内部之间的关系，根据关系来做结构匹配。这种做法可以和"读懂一本书，樊登读书法"结合起来使用。九宫格笔记是快速阅读的一种笔记工具，强调你在阅读前梳理出 3 个问题，快速阅读的时候聚焦这 3 个问题去找答案，摘录概念和模型放入九宫格中，同时记录有共鸣的金句以及自己的启发行动。制作卡片的时候，我们也可以利用这个工具，限定每本书制作 6~9 张卡片，以自己的问题为导向，直到找出答案为止（见图 3-28）。

图 3-28　逻辑式图卡

2. 散点式

另一类书是散点式的，即章节之间没有强逻辑关系，主要呈散点式分布，比如《领导力 21 法则》《高效 15 法则》，每一个章节围绕一个法则来讲解，主要用案例来陈述观点。这种类型的卡片，界线非常容易划分，可以是一个法则一张卡片；每张卡片只要呈现这一部分的核心观点即可，可以用图像的形式，也可以直接用放大关键词的大字报形式（见图 3-29）。

图 3-29 散点式图卡

知识传播卡：注重读者学习

人类是视觉动物，对于好看的东西，往往会心生好感。知识的传递也一样，如果我们想把有用的知识传递给别人，包装是必要的。要将"难以下咽"的知识变成引人入胜、容易消化的知识，先让读者对卡片产生兴趣，然后他们才会有兴趣读卡片里面的内容。

当我们将知识卡片制作出来是为了传播知识、吸引读者的时候，我们可以称其为知识传播卡。对于内容创作者而言，做出传播率比较高的卡片，能有效提升自己的内容价值。既然知识传播卡的主要目的是传播，那么我们就要在如何更好地向读者传播这方面下功夫。

近几年，有一个词很流行，叫作"一图流"。我们发现，一场发布会或者一场演讲后，总有几张 PPT 能够深深地打动观众，在朋友圈被疯狂转发。由此可知，对于读者来说，非常有共鸣的知识点很容易形成朋友圈的"一图流"。另外，现在的很多网络课程中，也会刻意萃取出一些内容，制作有"一图流"效果的卡片。

如何制作出传播性很强的知识卡片，把我们喜欢的、有用的知识卡也包装出"一图流"的效果呢？可以从 3 个方面入手：根据读者的喜好决定选题；植入卡片钩子；以读者视角作图。

1. 根据读者的喜好决定选题

根据我们要推送的群体来确定卡片的内容，这一点在笔记侠知识卡片专栏的知识卡片推送中得到了很好的验证。笔记侠的受众定位为 0~6 年的 CEO，这类人群最大的特点就是追求成长和提升认知。笔记侠在知识卡片专栏开设初期，聚焦在卡片的形式上，而没有考虑到用户的内容喜好度，导致初期卡片的选题过于广泛，知识类型也偏概念性。两个月后笔记侠对专栏做了调整，主要选择"成长、思维、休息"3个方面的题材来制作知识卡片，使阅读量有了很大的提升，从原来的每篇4000+提升到每篇7000+，提升超过1.5倍。

因此，知识卡片的内容一定要根据推送的目标群体来调整。如果是适合大众的阅读题材，可以选取成长路上常见的难点、疑惑点和反常识的知识点。

比如，如果在得到的知识城邦做内容传播，选择得到App上自有的内容制作图卡会更具有可读性和传播性。因为知识城邦的用户都是得到用户，选择得到App的自有内容制作卡片投放到知识城邦，你的卡片的读者就会很精准，很有可能他们之前听过卡片的相应音频内容，此时再来读你的卡片，吸收效果就会很好。

2. 植入卡片钩子

《让大脑自由》这本书中谈到，记忆常用的工作方式是记录我们经历的要点，而不是逐字记录细节。大脑首先会捕捉要点，然后由要点激起大脑去查看细节。将这个知识点应用到知识卡片的制作上，就是要在卡片中设置具有吸引力的要点。

《视觉锤》中有一句话值得我们思考：语言是钉子，视觉是锤子。我们经常会通过语言来表达愿景、想法、方案等，如果辅以视觉"锤子"，我们的沟通表达就会更到位。在制作卡片的时候，我们需要为卡片设置有吸引力的要素，即卡片要有一个"钩子"来吸引读者的注意。具体可以从以下几个方面来做准备，如图3-30所示。

和谐的色彩：根据主题，选择一个看起来舒服的配色。

清晰的结构：使用清晰、直观的结构，忌讳繁杂、混乱。

简洁的版面：知识的呈现主次分明，不要随意堆积元素。

放大：放大要强调的一级信息，弱化二级信息，即突出要点，弱化周边信息。如果读者对你的内容感兴趣，自然会仔细阅读小字所传递的二级信息。

标题：设置一个吸引眼球的标题，并且为标题加上重点标识符号。

可视化符号：用吸引眼球的图像、图标与一级信息匹配。

金句：加入一句深刻的金句并突出放大。

结论：为卡片写一句醒目的结论。

色彩：色彩选用了蓝、红色，以蓝色为主色，红色为跳色

结构：以田字格结构表达四种方法，结构清晰

版面：版面元素简洁，不冗余

层次：通过不同颜色、不同色块、不同大小的字体构造层次感

标题：标题放大关键词，突出、明显

结论：选择观察的视角就是选择一种信息过滤方式

金句：金句区域分离出来，起到了突出作用

图 3-30　好图分析

3. 以读者视角作图

制作知识传播类的卡片，一定要站在读者视角来思考这张卡片的知识传播是否到位。我们可以通过找人阅读，让其回答下面的两个问题，以检查知识是否传播到位。一是对卡片里的知识读者是否能看懂；二是其对这张卡片的知识是否有共鸣、有触动，这些知识是否可以激发其去行动。

做知识卡片的时候，保证自己和别人能看懂是第一原则；能对卡片中的知识产生共鸣，能从卡片中找到可以激发行动的点，是第二原则。在将卡片进行大范围分享或者官方发布以前，可以

先把卡片发给身边的人，对以上两点进行小范围测试，以检查卡片对知识的传播是否到位。

授课道具卡：教学的道具卡／游戏卡

知识卡片除了自己用以及传播用之外，还可以作为游戏道具卡为讲师所用。很常见的一种应用方式就是将卡片设计成扑克牌的样式。

将所有内容提取成 54 个知识点，然后设计成 54 张扑克牌的样式，那么这套卡片可以当作日常娱乐的道具使用，还可以当作破冰活动的游戏卡，也可以当作课程的售后服务增值礼物。

另外，我们还构思了一个名为"思想盛宴"的卡片小游戏。

游戏名称：卡片思想接龙盛宴。

游戏目的：激活大家的知识调用能力。

参与人数：5 人（编号 1、2、3、4、5 号）+1 个主持人。

游戏方式：

1. 主持人发一张卡片，为卡片写两句文案；

2. 1 号根据主持人发的卡片，联想任意一张自己或者别人的卡片，写连接逻辑，2 号根据 1 号的卡片联想自己或者别人的卡片，写连接逻辑，3 号根据 2 号……以此类推；

3. 接不上者被淘汰；

4. 坚持到最后的为胜者。

目前，我们正在制作一套从思维认知、学习方法、职场通用技能、心理学概念这 4 个维度提升认知的扑克牌，目的也是寓教于乐，将知识和游戏结合起来，让学习变得更好玩（见图 3-31）。

图 3-31　游戏牌设计

05 本章回顾

知识点 1

知识卡片学习法的定义：在碎片化时代，把核心知识抽取出来，进行逻辑结构可视化编码记忆，形成可保存、分享、传播的记忆卡片的学习方法。

知识点 2

根据一张卡片中知识数量的多少，可以分为单点卡、组合卡、地图卡。

知识点 3

知识卡片的制作步骤：识别核心，提取关键词，补充细节，结构化、美化。

知识点 4

不同应用场景中的知识卡片有不同的制作技巧和注意事项，主要分为个人学习记忆卡、知识传播卡和授课道具卡。

第4章

融合：导图 + 卡片的造楼式创作

显性知识的相互转化叫作融合，即联结成更庞大的知识系统。在记忆过程中，我们提取出了很多知识点，将点联结成线，线汇聚成面，面积累成体，这就是我们的知识体系形成的过程。

融合阶段形成的知识体系，与我们之前提到的以学习树为骨架构建的知识体系并不冲突。融合之前构建的知识体系可以理解为一棵树的树根和一级分支，此时学习树的构建是自上而下的。而在融合阶段，学习的内容相当于我们给树浇的水、施的肥，最后在不同的分支上长出了更细的枝叶，这个知识体系更加精细、繁茂、复杂。融合完成之后，知识体系的完善则是自下而上的。

"点—线—面—体"的自下而上形式的知识体系的构建，中间联结的过程依赖于非常强的逻辑。我们依然可以用思维导图工具来挖掘知识点之间的逻辑联系，再用文字把这个成体系的过程线性表达出来，方便读者吸收。基于思维导图和知识卡片的应用，我觉得思维导图和知识卡片都是一个帮助创作的有效思维工具。用思维导图来搭建骨架，用知识卡片做素材，用文字来黏合，这是一种将导图和卡片结合在一起进行知识创造、提升内容输出力的高效方法。

融合：导图+卡片的造楼式创作

① 拆解知识

② 制作知识组块

③ 用思维导图做钢筋

④ 用文字做水泥

⑤ 调用组块

01 卡片 + 导图——造楼式创作

　　真正的学习者，不仅仅是内容的吸收者，还是内容的创作者。在表达红利时代，具备原创能力的内容创作者越来越重要。骨架式输出主要依赖于在原有内容的基础上，去做思维结构的提炼呈现与输出。那么，如何从骨架式输出变成创造式输出呢？如果把"知识创作"比作一栋建筑，文字或语言就是水泥，知识卡片是砖块，思维（导图）是钢筋，建立一座知识大厦需要拆解、生产砖块，然后将砖块进行重组（见图4-1）。这里的知识创作我们可以理解为撰写文章、演讲稿，制作课件、视频等。

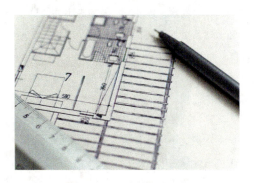

图4-1 造楼式创作

生产砖块 1：拆解

　　制作知识卡片可以锻炼你迅速打包知识的能力。一个知识点就是一张卡片，当你阅读一篇文章，达到一张知识卡片的知识容量时，你的脑海里就会不自觉地对知识进行捆绑记忆，然后将其放在一个地方，然后继续阅读。其实这个过程是在做"知识拆解"，通过知识拆解可以生产出创作知识所需要的"砖块"。

生产砖块 2：激发

当你阅读一篇文章或者一本书的时候，你的脑海里会冒出很多思考和想法，这是因为别人的思想激发了你自己的思考。哪怕一句话也是"砖块"，因为这一句话可以激发你很多方面的思考。这个砖块是思维砖块，可能还需要你自己再加工。这个过程就是"思维激发"，也就是在这个过程中知识砖块被激发、生产出来。

砖块运用 / 存储

生产出众多知识砖块之后，有些知识砖块和你的思维是强联系，有些知识砖块只是弱联系。强联系的砖块很快就会被你用上，放在某篇文章、演讲或者与某人的对话中；弱联系的砖块会暂时储存在你的脑海里，等待被重新激发。这个过程是你的砖块被运用或存储的过程，所以，你要不定时地翻看你的知识卡片库，也可以制作卡片索引表格，还可以用 Eagle 这个软件来管理你电脑里的知识卡片。我经常在创作或者沟通的时候，想到之前自己做过的某张卡片可以调用，就会打开 Eagle 去查找某张卡片或导图；能不看文字就不看文字，看图能解决的问题就不再翻阅图书，同时引用卡片或导图的内容作为文章或者课件的素材（见图 4-2）。

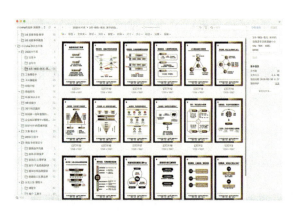

图 4-2　卡片库

钢筋架构

当你开始准备一篇文章、一场演讲或一场谈判的时候，你通常会先写好提纲，这个提纲就是搭建知识大厦的钢筋。至于如何搭建，可以从别人那里学习，用思维导图将别人的"钢筋"还原出来，加以借用，也可以自创文章的逻辑结构。"钢筋"搭好之后，其实你心中就已经有一个大厦的模型骨架了，那么接下来就要在你的系统中找到可以与之匹配的"砖块"，并用文字黏合"砖块"和"钢筋"，使其变成一座知识大厦。

那么，在知识创作的过程中，钢筋、砖块、水泥哪个更重要呢？当然是钢筋最重要，即思维的架子最重要。有了架子，大厦才不会风一吹就倒。第二重要的是砖块，需要一块一块地去堆砌砖块，富丽堂皇还是茅草屋顶都取决于你的知识砖块好不好。第三重要的就是文字或语言，要用文字或语言把你的思维架子和知识砖块黏合转述出来。不黏合，大风一吹，大厦虽然不会倒塌，但是只有光秃秃的钢筋，提供的价值也有限。只有把稳定的钢筋架子、有趣的知识砖块、流畅的文字结合起来，才能搭建一座好的知识大厦。所以，好的知识创作，逻辑（思维导图）、素材（知识卡片）、文笔（文字），三者缺一不可。

由此，我们可以想到流水账式写作的问题了，其中典型的问题就是只有文字堆积，没有钢筋和砖块。所以，多输入，积累知识砖块；多思考，锻炼自己的思维"钢筋"，这样才容易写成好文章。这个知识创作的过程，也验证了我们前面学习的思维导图笔记法其实就是逆推知识的创作过程，是还原思维骨架的一种学习方法。用思维导图去寻找源信息的逻辑，就是通过将知识拆解成大小不同的组块来分析、理解、记忆。同时，这个过程也验证了知识卡片笔记法就是将组块中比较核心的知识点打包成知识卡片的形式，方便知识存储，等待日后调用的一种学习方法。

到这里为止，我们可以发现，导图＋卡片学习创作法是先用思维导图和知识卡片来学习，然后再用思维导图和知识卡片来创作知识。这样才算完成了一个学习的闭环。

组块式创作

　　生产知识砖块的方式有拆解式和激发式，那么围绕生产出来的知识砖块进行生产加工的方式则称为组块式创作。组块式创作是指利用萃取出来的知识卡片，进行小单元的知识创作。组块式创作可以分为描述型创作和联想型创作。描述型创作是指我们将知识图解成小卡片后，再用自己的语言将卡片的内容描述出来，完成一次内化和输出；联想型创作则是不局限于目前的知识，而是在目前知识的启发下进行联想、扩充式的创作。

▶ 描述型创作

　　描述型创作可以帮助我们写一篇忠实于原文的读书笔记。每次阅读的时候，卡片就是我们积累的素材。当我们想要写一本书的书评时，很多时候不知道如何动笔，但是如果你积累了很多知识卡片，将知识卡片本身的内容整合起来描述一遍或者做一个知识的类比，就可以写成一篇读书笔记。

　　比如，如果我们要快速阅读一本书并写出一篇还不错的读书笔记，结合前面讲的知识卡片与九宫格的笔记方法，我们可以按照以下步骤来制作卡片和撰写读书笔记。

　　拿一本书，围绕这本书的标题提出几个问题，然后根据目录了解大概从哪个章节可以查找到答案。将每个问题和答案制作成一张卡片后，再用文字穿起来，即可得到一篇图文结合的读书笔记。下面是我根据《让创意更有黏性：创意直抵人心的六条路径》这本书的知识卡片创作的一篇读书笔记。

无论是广告公司还是创意公司，要推广产品、打动别人，都需要有一个独一无二的创意。每个人都在追求新的创意，但如何让创意更有黏性，也就是让你的创意和观点被人听懂、记住，并产生持久影响呢？在《让创意更有黏性：创意直抵人心的六条路径》这本书中，给出了6个原则：简单、意外、具体、可信、情感、故事，遵循这些原则可以让你的创意更有黏性。我在读书的时候做36张知识卡片，根据这些卡片，将这6个原则的具体内容介绍如下。

第一条原则，要精简。精练核心信息，主要包括找到核心信息，剥去外壳，直击本质，剔除多余不相干的元素；其次，还需要精练观点，句子会比段落好，2条信息比5条信息好，简单比晦涩好。安托万·德·圣埃克苏佩里曾说：工业设计师知道自己的作品在臻于完美时，并不在于无以复加，而在于无从删减。创意也是一样，任何观点创意的表达，不在于多，而在于精简（见图4-3）。

图4-3 精简：精练核心信息

第二条原则，要有意外。 能否吸引注意力在于是否可以找到违反听众直觉的东西，让听众保持好奇心则需要善于应用听众的好奇心（见图4-4）。

图4-4　意外：吸引维持注意力

第三条原则，要具体。 抽象的东西总是难以理解，要把具体事物、具体人还原到具体场景中去。具体的任务、具体的目标总是容易让人记住。因此，把高层次的、抽象的内涵具化为用已有知识和感官可以触摸的具体任务、具体目标，可以让创意更有黏性（见图4-5）。

图4-5　具体：帮人理解记忆

第四条原则，要可信。让人相信你是可靠的，比如使用数据、观众的反馈、权威性的内容、特殊范例来提升可信度（见图4-6）。

图4-6　可信：让人愿意相信

第五条原则，要有情感。让人感觉到被你关心与在乎，证明自己的观点和对方有关，时常思考对对方有什么好处（见图4-7）。

图4-7　情感：让人关心在乎

第六条原则，要有故事。通过讲如何行动的故事，来激发读者产生行动的动机。其实讲故事就是把知识放进一个更生活化的框架中，使其更接近我们的日常生活状态（见图4-8）。

图 4-8 故事：促人起而行动

　　以上是描述型创作的步骤，通过图解的形式记卡片笔记，然后用文字将卡片内容还原出来，同时起到检查自己知识学习吸收率的作用。文字的串联基本上源于对内容本身的描述。这类读书笔记因为加了图解版本的卡片，在一定程度上也能起到帮助读者更好理解和记忆内容的作用。

联想型创作

　　在制作知识卡片的时候，还有一个常见的现象就是制作卡片的当下，容易联想到另一个知识点或者其他共鸣点。这个时候，我们可以把卡片对半分，一半充分还原作者的知识，另一半展开自己的联想。

比如，我在制作2019年罗振宇"时间的朋友"跨年演讲的知识卡片时，有一个知识点是围绕"我的时间够用吗？"这个问题展开的答案是够，时间太长了。基于这个问题，我马上想到知识卡片这种笔记形式也可以用这样的一个问题展开写作。问题依然是我的时间够用么，但换一种思考与表达后，我们更多的应该是思考如何让知识卡片更好地适应碎片时间。此时的答案是养成随时总结知识的习惯。比如阅读的时候，每看一段文字，都养成总结回顾的习惯，把刚刚看到的知识打包成组块。将罗振宇跨年演讲中的知识点与我联想到的知识点结合在一起，就制作出了下面这张卡片，如图4-9所示。

图 4-9　知识联想

我把卡片的内容作为写作素材，就写出下面这样一篇短文。

最近流行的东西好像越来越轻量化了，看小说变成看段子，专辑变成单曲和短视频，站台上的别离变成微信上常联系，就连知识也从长长的书、长长的文章变成长图，长图又变成短图。我们可能会怀疑，这种方式是不是真的符合我们的吸收习惯。但信息过载压得我们透不过气来了，这就是应对信息过载的一种方式。因为太多了，我们想尽办法去吸收，也想尽办法让自己更好、更直观地去吸收。

万维钢说：所谓信息过载，原因只有一个，你对环境的熟悉程度太低。信息过载就是对环境熟悉程度太低，所以，我们要熟悉这个环境。在时间、空间无限碎片化的环境中，我们要锻炼快速集中、快速专注的能力，知识轻量化吸收其实就是一种帮助我们适应碎片环境的新方式。

碎片时间和移动互联网把原来结构化的知识都打碎了，让知识穿插在我们日常所见所闻的网站、公众号信息中。知识的传播不再系统，这对于原来喜欢系统学习的人来说是一个挑战。为了顺应这种被打碎的知识环境，我们最好的学习方式就是挣脱系统学习的束缚，开始点对点的学习，也就是问答式的学习。在碎片化时间里，奔着一个简单的问题去，找到一个问题解决方案，这就足够了。在这个过程中，很有可能，我们通过搜索问题的关键词，在微信文章里搜索到一句金句、看到一个模型，自己的问题就迎刃而解了，而不需要大费周章地花整块的时间去翻阅太系统的图书。

熟悉环境，高效学习，知识如何变得轻量化就是问题导向，找到解决问题的那个点，将其打包成知识锦囊，方便碎片时间调用、分享、传播。

以上就是联想型写作的具体案例，将已知的和联想到的知识建立联系，进行线性表达，从而完成知识创作。

框架联想式创作

给知识卡片配上文字描述或者小范围的文字联想，就是组块式创作。这种创作依然是点状的，最后输出的内容就是小作文。一篇一篇地积累小作文，就像是积累了很多个大的知识砖块。如何把这些大的知识砖块变成思维大厦呢？这时候可以用到思维导图了。

围绕一个知识点进行框架式写作时，我们可以围绕这个知识点进行 6 个方面的扩展：知识描述、向上思考、横向思考、向下思考、经历联想、指导行动。这也是一个非常有用的写作框架，知识能得到最小单元的应用，即把知识卡片作为独立的知识承载者镶嵌在文章中，就完成了知识卡片在分享、传播层面的应用。这 6 个维度的具体含义如下。

知识描述：用你的语言把卡片内容描述一遍，最好是根据卡片来复述，可以检测你对知识的吸收率，以及这张卡片独立传播的可读性。

向上思考：向上思考为什么会产生这个理论或现象，其更底层的原理是什么，是谁提出的，经历了哪些演变？

横向思考：你能联想到还有哪些知识点与这个知识点相关，其核心思想和什么类似？

向下思考：把知识还原到具体的应用中，思考这个知识点还可以解释其他什么现象。

经历联想：由这个知识点可以联想到自己的什么经历。

指导行动：学完这个知识点后，对于自己的行动有什么指导意义？

　　围绕一个知识点，把这些联想到的知识点与其构建联系，就形成了一张小网。对这些知识点进行回顾与描述，用文字线性表达出来就可以形成了一篇有逻辑、有结构的文章。

　　在多次这样的思维激发后，创造性思维、联想性思维就慢慢养成了，再经过不断的积累，将大大激发我们的创作潜能。

　　我们以艾宾浩斯遗忘曲线为例，来看看怎样用六维法来融合新的知识。图4-10所示为我运用思维导图和六维法搭建的写作和思考框架，下面我将对这6个方面分别进行说明。

图4-10　六维创作法

知识描述——艾宾浩斯遗忘曲线

　　德国心理学家赫尔曼·艾宾浩斯（Hermann Ebbinghaus）研究发现，遗忘在学习之后立即开始，而且遗忘的进程并不是均匀的。最初遗忘速度很快，之后逐渐减慢。他认为"保持和遗忘是时间的函数"。假设初次记忆后经过了 x 小时，那么记忆率 y 近似地满足 $y=1-0.56x^{0.06}$。这条曲线告诉人们，在学习中遗忘是有规律的，遗忘的进程很快，并且先快后慢。观察曲线（见图4-11），你会发现，如不及时巩固，学得的知识在一天后就只剩下原来的33.7%。随着时间的推移，遗忘的速度减慢，遗忘的数量也逐步减少。

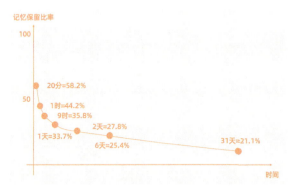

图4-11　艾宾浩斯遗忘曲线

想要记住一个知识点，就要增加共鸣、提高共振。增加共鸣就是增加理解与记忆，提高共振就是和其他的知识点产生联系，激活脑海里已有的知识，把这个知识点放到自己的网状知识系统里去。围绕一个知识点本身画图做笔记是提高共鸣的过程。为了提高共振，我们可以围绕艾宾浩斯遗忘曲线进行简单的头脑风暴，做知识源头、知识联想、知识应用、知识行动的思考。

向上思考：遗忘曲线的底层原理——记忆过程 & 系统

遗忘曲线的底层原理可以追溯到记忆原理（见图4-12）。记忆过程分为识记、保持、再记、回忆。其过程其实是对信息的编码、存储和提取。编码在于我们对知识的反复记忆，目的是将知识放进长时记忆系统中。如果知识只是存在于短时记忆系统中，短时记忆系统容量有限，我们很容易忘记。而知识从识记开始，慢慢向短时记忆系统、长时记忆系统迁移都需要时间。因此，如果在一定时间内学习的知识，没有进行二次记忆，那么原来的知识就会被慢慢遗忘。如果我们在不同的时间段对知识点重复记忆，也就是进行间隔式学习，则能有效地让遗忘曲线趋于平缓，也就是在知识将要被遗忘的时候，通过再次记忆起到巩固的作用。

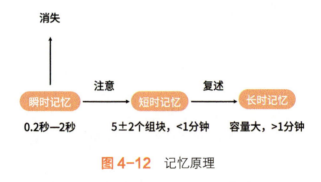

图 4-12　记忆原理

横向思考：学习效率相关知识——学习金字塔

为了提高知识的留存率，我们可以采用多种形式进行记忆。事实证明，当我们的大脑动用多个感官来记忆知识的时候，我们能将知识记得更为牢固。在学习金字塔模型（见图 4-13）中，也提到了不同的学习方法，它们有着不同的学习效率。

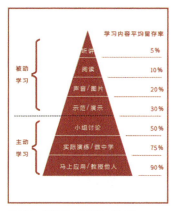

适合场景：现代教学、小组讨论、团队培训
内容来源：美国缅因州国家训练实验室

/被动学习是压力，主动学习是动力/

图 4-13 学习金字塔模型

学习金字塔是美国学者爱德加·戴尔（Edgar Dal）的研究成果，于 1946 年发现并提出。这个理论用数字形象地展示了采用不同的学习方式，学习者在两周以后还能记住多少内容（平均学习保持率）。

在学习金字塔中，我们可以看到不同学习方式的学习吸收率是不一样的。与艾宾浩斯遗忘曲线可以相互联系的是，除了我们根据时间曲线不断地进行复习外，也可以通过改变复习的方式来提高学习效率，除了被动的听、看、阅读，更可以主动地去分享、展示、实践，以教促学会产生最好的学习效果。

向下思考——与艾宾浩斯遗忘曲线相关的应用产品

一个非常底层的核心知识，如模型、思维、概念，完全可以用来解释其他现象，而帮助知识更好地吸收和记忆的办法就是与生活、工作场景构建联系，与要解决的问题构建联系。

基于艾宾浩斯遗忘曲线，我们可以联想到几款 App。在学习英语的时候，有很多人会用百词斩，每天记完固定数量的单词后，就会有复习设置。另外两个学习类 App——Anki 和记忆管家，更是结合艾宾浩斯遗忘曲线进行了复习时间点的设计。值得一提的是，这两款 App 也恰好采用卡片形式，通过将学习内容做成卡片，根据遗忘曲线自动设置记忆时间来提醒你记忆卡片内容。

除了学习类 App 的应用，艾宾浩斯遗忘曲线在不同领域的教学设计中，也是一个非常底层的教学设计原理，比如重要知识点少量多频的埋入式教学就是根据这一原理设计的。

经历联想——遗忘是正常现象

在了解到遗忘曲线及其底层原理后，我们会很自然地想到，读书时我们在第二节课回顾上一节课的内容会比较困难。尤其是在期末的时候，平时如果不复习，那么期末复习的压力会很大。因为遗忘了很多知识，复习量突增，而这种临时性的记忆，往往效果不太乐观。这也是一些差生和优等生的区别。优等生对每一节课的内容在平时就巩固好，不会堆积到最后，不管是联想记忆还是机械记忆，重点在于平时的巩固练习；而差生则是把所有知识堆积到最后，依赖机械记忆临时抱佛脚，根据记忆容量原理，大量知识的临时记忆效果自然不会乐观，因此最后的成绩也不理想。

任何的学习，如果想要有效，就必须对自己进行改变，改变的前提就是行动起来。所以看到核心知识点，我们一定要去联想这个知识点给自己带来的启发和指导行动是什么。

围绕艾宾浩斯遗忘曲线这个知识点做了以上几个维度的知识拓展后，我们最后来思考在哪些方面可以运用这个理论。比如我们在个人学习的时候，要强调的不应该是多，而是少量的多次的复习，一定不可以第一次学完新知识之后就不再回顾了。复习的时候，可以遵循学习金字塔理论，尽量从听和看的被动学习转换到讲和做的主动学习，来提高自己的学习效率。如果自己是讲师，向别人教授东西的时候，更应该将重点知识进行多次再现，让学员记忆牢固。

围绕一个核心知识点，通过写作的指导框架——知识描述、向上思考、横向思考、向下思考、相关经历、指导行动，把这 6 个方面都想一遍后，就形成了一篇文章，而且这篇文章有理论、有逻辑、有案例、有指导行动。我们还可以调用原来做的知识卡片来做图解，帮助读者更好地理解文章内容。这相当于我们把原来的知识笔记作为原材料，进行了一次知识创作。

实际上，我们在做思维导图和知识卡片笔记的时候，对于有共鸣的地方，经常会联想到知识点本身之外的其他维度。原因是我们在做笔记的时候，大脑本身就处于构建联系的状态，而这种构建因为发散思维，常常会跳出当前文章的框架，联想到自己的生活和工作。在学习知识的当下，构建知识联系，使其稳定存在于大脑中，促进认知不断升级，这些知识在自己的学习工作中将起到潜移默化的指导作用。

同时，为了让自己保持联想的习惯，提高联想效率，我们在每做完一张思维导图和知识卡片笔记后，可以为自己的知识卡片笔记或者思维导图笔记配一段文案，从以上 6 个维度出发，做一次简单的写作练习。从 2019 年 5 月开始，我们每个月都会做一期这样的共读画图写作打卡活动。很多学员在最开始的时候写作很困难，但是经过练习后，他们在写作方面有了非常大的进步。

知识点 1

将导图与卡片融合在一起是造楼式的创作过程。知识卡片是砖块，思维导图是钢筋，文字是水泥，在学习中拆解知识大厦为各种砖块，然后拼接调用砖块构建自己大厦的过程，就是知识创造的过程。

知识点 2

组块式创作是围绕知识点写小作文，分为描述型创作和联想型创作。描述型直接用自己的语言进行复述，联想型则用自己已知和联想的进行表达。

知识点 3

框架联想型创作是围绕一个知识点，从 6 个维度展开思考，先发散，再用知识砖块去填充，形成一个小的知识大厦。

第 **5** 章

模式：让学习可持续

终身学习的时代，每个人都需要不断学习。在学习中，我们会遇到很多问题。除了学习低效之外，很多人面临的问题是知道有效的学习方式，但是无法坚持学习。就像很多人觉得思维导图、知识手绘类的学习笔记能够帮助自己更好地吸收知识，但是要实施起来并不容易。平时做非常简单的摘抄笔记可能都觉得费劲，又怎么可能做这么复杂的学习笔记呢？

学习是一个系统工程，如果你想要这个系统健全强大，就需要花时间和精力去搭建它。本章将为读者介绍学习系统的 4 条回路，并告诉读者如何让这个系统运转起来，让学习持续进行。

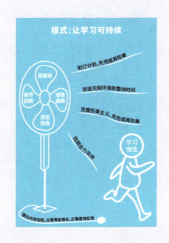

学习系统的 4 条回路

每个系统都有多个要素，要素之间又彼此连接。学习的要素包括学习惰性、学习动机、学习行动以及学习成果。克服学习惰性，激发学习动机，执行学习行动，才能获得学习成果。这些学习要素之间的连接方式有 4 种：因果链、增强回路、滞后效应、调节回路。

因果链

学习动机与学习成果之间是因果关系。很多时候，我们只看到别人很优秀，但并没有透过优秀去寻找背后的原因。人与人之间的差距，其实是从认知差距开始的，认知决定行动，行动决定结果。优秀的人背后，是不断学习的动机和行动，因为有动机有行动，所以才会优秀。用图表示就如图 5-1 所示。

图 5-1 因果链

高效学习法：用思维导图和知识卡片快速构建个人知识体系

增强回路

学习是因，优秀是果，越学习越优秀只是学习系统中的一个因果关系。在学习系统中，还有一些不在因果链上的其他要素，这些要素与因果链上的要素通过其他的连接方式来让学习系统持续运转，比如增强回路，如图 5-2 所示。

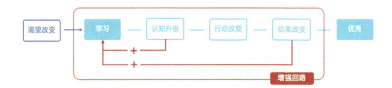

图 5-2　增强回路

我们最开始为什么想要学习呢？原因通常是想让自己发生一些改变。所以当我们学习一段时间后，可能从内心感受到自己的思维发生了改变，在精神层面收获了心智成长，于是有了第一层级自己给自己的反馈。这种反馈来源于自己体验到了自己认知升级的乐趣，于是我们会持续学习。因此，渴望改变—开始学习—认知升级—继续学习就是第一条增强回路，它来自内部的反馈。

第二条增强回路来源于外部的反馈。当我们的学习输出结果的时候，比如看完一本书，写了一份笔记，收获了几十个朋友圈点赞；写了一篇书评，在简书、知乎上收获了几百个关注和喜欢；在公司的读书分享会上，自己信手拈来，滔滔不绝地讲书，获得了同事的好评……于是你读了一本又一本，不断地分享以获得外界的反馈，外界的正反馈又促使你不断地行动。

不管是自己意识到的认知升级，还是外部的反馈，这两种情况与学习都形成了一种互相促进、循环持续的关系，所以我们称其为增强回路。

滞后效应

学习行动带来学习成果，但是在行动到成果之间，还存在着滞后效应。有朋友和我说："真佩服你热爱学习，坚持输出，我总觉得我无法坚持。刚刚发了一个阅读心得的朋友圈，发现没什么人点赞，我就删了，感觉不好意思再发圈，所以也不想记笔记了。我每天发微博，粉丝还是那么少，也没有动力发作品了。"其实这就是滞后效应，如图 5-3 所示。我们总是寻求即时反馈，但是很多事情是延迟反馈的。

图 5-3 滞后效应

就像手艺人，精心雕刻了一个作品没有得到自己想象的称赞，这个时候又把之前的工作当成是在为了雕刻出更好的作品做积累。你一旦停止了努力，创作出好作品、获得称赞的机会就不会有了。我们做的每一件事情都会叠加，并在某一个时刻放大。学习也一样，它从来不是一件立竿见影的事情，而是需要日积月累，才能慢慢显出效果。

调节回路

在学习系统中，还有一个要素就是学习惰性。它与学习构成了一个调节回路，如图 5-4 所示。在《象与骑象人》这本书中提到，我们的"心"是头放任的大象，"智慧"是具备掌控能力的骑象人。我们的大脑其实是个认知吝啬鬼，能不动脑就不动脑，怎么舒服就怎么做。所以，学习对于大脑来说，是一件非常枯燥痛苦的事情。因此，在整个学习过程中，我们有很多的借口和诱惑去不断地寻找舒适区，读一本书不如看一部电影，地铁上打开 App 听课不如听歌……所以，我们的大脑会不断地让自己远离学习。这就是学习这个系统的调节回路，它让你回归身体和大脑最想回归的舒适状态。就算你学习了，但是因为惰性，它也会让你懒于行动，所以总是会阻碍你成为一个更优秀的人。

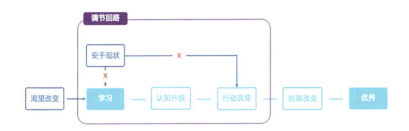

图 5-4　调节回路

了解了因果链、增强回路、滞后效应、调节回路，我们就会发现，优秀的人就是不断地把自己放到增强回路上，不断地开始一个又一个的增强循环，让自己的学习动机不断地增强。增强回路上认知升级获得的内心的成就感，以及他人的反馈都让我们看

175

到结果上的改变，足以让那个原来靠吃喝玩乐来获得舒适感的"大象"也开始愉悦起来，从而可以对抗各种诱惑，持续让理性的"骑象人"掌控自己。

强化增强回路，让学习持续进行

认知升级是以一种内在的成就感驱使我们持续学习，获得他人的正向反馈则是我们持续学习的第二动力。我们可以使用一些小技巧，强化这两条增强回路，有效对抗滞后效应和学习惰性。

强化内在动机

你的内在动机，就是通过做这件事你可以自己给予自己的一些东西。比如说，我想通过持续输出提升自己的表达能力、学习能力，我想成为一名作家，等等。所以内在的理想会支撑我们持续学习与输出，如果自己的内在动机足够强烈，在没有外界的反馈和给予的情况下，我们也会坚持输出。

我在刚毕业的时候，很害怕在公众场合发言，感觉自己不会发言，每次站起来就脸红、紧张，讲话也结结巴巴，缺乏逻辑。毕业后，有一次参加读书会，我发现自己的系统升级了，每个人讲的知识，我的大脑里都有相对应的知识点可以匹配上。知识调用的联想能力增强，而且脑海里所想的都能直接表达出来，这是我自己意识到的认知系统升级。而出现这个改变的原因就是我连续 10 周，每周在公众号中保持更新 3 篇文章，每周画一本书的思维导图。我发现，原来只要持续地刻意练习，思维真的是可以训练的。

2018 年，我尝试直接用语音输出，几乎难以持续一分钟；现在要分享一个内容，语音持续输出的时间变长了，做一个非常及时的甚至高难度的语音对话的时候，我也能够快速地组织语言跟对方进行沟通。这都是持续输出所带来的改变。

2019 年刚开始讲课的时候，我每讲一节课都会很累，上课的语音语调非常平缓，几乎没有起伏。但是我现在讲课明显地感觉到自己在声音方面有一些变化，不再像以前那么吃力，并且尝试性地想要去多说一些。

这些进步的出现都是因为我急切地想要改变，而且意愿足够强烈和持久，从而形成了内部的正反馈增强回路，在没有外界反馈的情况下，我向大家分享两个让自己坚持下去的小方法。一是做好记录，数字的积累在无形中就会带来能量；二是制订计划，将自己的进度可视化，设置进度看板，每完成一个日计划就画一个钩，于是成就感可以具体细分到天，从而推动自己第二天的行动。

做个自驱动的人，我们离优秀就不远了。

分享带来增长

2019 年 8 月，我用知识卡片学习法做了得到 App《老喻的人生算法课》这一套课程的知识卡片。这 30 张知识卡片为我自己带来了相应的成长，这个成长路径如下（见图 5-5）。

8 月，学习《老喻的人生算法课》，1 天 1 讲 1 张卡；

8 月 25 日，集合 30 张卡为 1 张"卡片地图"；

8 月 26 日，发布卡片地图到新浪微博，@得到，图被得到转发；

9 月 1 日，在公众号发布 32 张《老喻的人生算法课》系列卡片地图；

9 月 7 日，收到得到入驻知识城邦内测邀请；

9月10日，老喻在朋友圈发图表扬我；

9月11日，得到加V认证；

9月13日，在得到知识城邦，老喻转发笔记并点赞，被罗振宇关注；

9月14日，被得到推荐关注，老喻转发笔记；

9月15日，得到关注量破千；

9月19日，得到首位推荐关注，关注量破5000；

9月26日，得到商业制图机会；

9月27日，得到banner推送，关注量破7000；

11月6日，得到商业制图机会；

11月15日，关注量9500+。

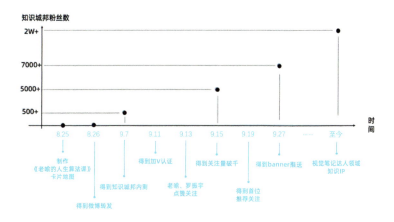

图 5-5 分享带来增长

回想这个过程时，我想到了《老喻的人生算法课》中第九段是涌现。你的一个小行为就像一只蚂蚁，你的整个人生就像蚁群，一个小行为看起来微不足道，但每一个微小的努力都可以叠加，让整个系统发挥更大的威力。其实生命中的每一件事情都是小行

179

为，而每一个小行为做好之后，美好就会不期而至。

带来涌现的触发器里，有一个关键动作一定是分享，敢于发声，才能让自己被看见。

2019年我从职场出来做自由职业者，第一次成为一个线上课程讲师，第一次正式开课。我原来以为自由职业的第一年会很艰难（确实很辛苦），但是从心理整体感受度来说，比原来在职场做舒服稳定的工作要好很多。第一年，我做着自己喜欢的事情，自己的能量级和影响力在持续放大，经济上，客观上开支大了一些，但是整体营收比在职场增长了50%。从一个人慢慢变成一群人，我有了带领一群人成长的能力，创建了一个小的线上共创组织，这是我自由职业第一年最大的能力提升点。

在从事自由职业的第一年，一直有人问我，为什么你一开课就有人报名，而且人数还比较多。其实，这是找到生态圈，乐于分享带来的涌现。2016年年底，我一直在寻找与自己相契合的社群和平台，笔记侠和简书是我2016年—2019年扎根的平台和组织。我在这两个地方分享作品，发出声音，不知不觉就吸引了一群志趣相投的人。因此，当我正式把兴趣变成职业的时候，这些人就迅速地来了。

移动互联网时代，从微信公众号到短视频，时代在挑战每个人的表达创作力。如果你热爱学习，想成为知识IP，那么把你所学的分享出来，找到一种属于自己的表达创作方式，你就能被看见。目前，简书、知乎、头条号等新媒体平台有很多，尽可能在多个平台创造多条反馈增强回路，不同的增强回路的增强效应不一样，但是叠加起来，总是持续增强的。你可以找到增强效应最大的那条回路，持续投入时间和精力，让自己的能力不断提升。

正确看待反馈

一旦把自己的学习输出成果分享出去，放到反馈系统里，就会接到各种反馈。好的反馈，能让你的增强回路继续增强；不好的反馈，很有可能让你回到调节回路上，停止学习。因此，我们需要正确地看待反馈，不管是正反馈还是负反馈，都要让它把我们引导到增长回路上。如何正确地对待反馈呢？我们需要站在第三视角来看待反馈。

和朋友聊天时，他说，想坚持分享学习笔记总是坚持不下去，有时候看到自己的笔记不是很受欢迎，马上就删掉了。这种想法会让自己做事情总是无法持续。

那么，你是不是也和他一样，过于关注外在的反馈，陷入了下面这些情况。

发了一条朋友圈，时刻关注点赞数；

发了一条笔记，时刻关注点赞数、转发数；

发了一条消息给在意的人，总是去看他有没有回消息；

……

以上情况，我们暂且可以将其分为正反馈、负反馈和零反馈3种。

正反馈：有点赞、有正面评论、有新关注，对应的情绪是欣喜、期待、兴奋。

负反馈：无点赞、有负面评论、掉粉，对应的情绪是因为被否定而沮丧或者因为被否定而去寻找新的方向。

零反馈：无点赞、无评论、无粉丝新增或减退，对应的情绪是难过，不知道要怎么办。

要想不被这些信息干扰，这里有3种方法（见图5-6）。

第一，关注过程中内心的收获。任何的行为，我们在做的过程中，如果收获了很多内心层面的东西，自是不会在意外界的反馈。如果有外界反馈，就成了期望之外的惊喜；如果没有，也不会在意。一旦太过于关注外界的反馈，外界的反馈又不可控，不确定因素太多，我们的心态就会不稳定。而且做任何一件事情都会存在滞后效应，如果当时没有任何收获，往往在你坚持一段时间后，每一次行为背后都会涌现出惊人的结果。所以做个长期主义者，只管积累就好。

第二，把反馈转化为信息。当我们把关注点放到外界的反馈上时，我们经常会被表象和情绪所蒙蔽。正反馈、负反馈、零反馈其实都是信息，我们应从以下 3 个方面正确地看待这些信息。

正反馈：思考大家点赞的是什么，打动大家的又是什么，找到连接点继续放大。

负反馈：思考如何正确看待建议、评论，下次如何调整。

零反馈：思考我内心的收获足够吗，我为什么会在意外界的反馈，这样做有什么好处；如果需要外界的反馈，我下次该如何努力争取。

当外界的反馈没有达到你的预期的时候，你只有不断调整，持续行动，相信收获总会与你不期而遇。

第三，建设反脆弱心理。如果很想被关注但是没有被关注，那就持续努力，直到被人看见。不在意现在短暂的不被看见，持续努力，总会有人看见，总会被人看见。

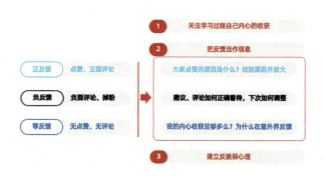

图 5-6 正确看待信息

03 对抗学习惰性，学习先完成再完美

为什么我们懂得很多道理，却依然做不好许多事？其原因可能就是顶不住诱惑，缺少行动。我们总是因为惰性，给自己找很多不行动的理由，比如时间不够、环境不好等。要让自己变得优秀，我们首先就要对抗学习惰性，尽快行动起来。

不是没有时间，只是没有计划

很多人觉得自己没有时间学习。其实有没有时间是相对的。如果你想做一件事但觉得没有时间，那是因为你觉得这件事情不重要，把自己的时间优先给了其他事情。当你强烈地想要改变的时候，你不会存在没有时间的问题，你需要的是计划（见图 5-7）。

图 5-7　学习需要计划

觉得时间不够的另一个原因，可能是你总觉得不管是输入还是输出都需要很多整块的时间，在碎片时间中无法完成这些工作。其实对于输入而言，碎片时间有碎片时间的输入方式，比如把一本书拆成许多个 30 分钟，只要有时间就打开 App 阅读，如果只有 3~5 分钟的时间，也可以见缝插针地阅读一些高质量的公众号推文，这都是很好的学习方式。那么，我们如何利用碎片时间完成学习的闭环做到有所输出呢？这时就可以用到我们在前文提到的组块式创作了，换一种叫法就是写豆腐块作文。

我在大学的时候曾做过学院的文字记者。有一次跟一个新闻专业的很优秀的学姐去参加活动，我向她请教，怎么把一些活动报道写得很长又很有吸引力。

她说，并不是每一个活动都要写很长，你看电子杂志和报纸时，一定看到过有的角落会有一些占用版面很少的内容，它们的版面虽然小，但是依然把人物、时间、地点、起因、经过、结果都交代得很清楚。

虽然篇幅短，但是可以把事情交代清楚的豆腐块新闻，让我想到我们的学习输出也可以是写豆腐块作文，需要的时间并不长，10~20 分钟就可以。

如果我们觉得缺少整块的时间写作，很有可能是因为自己把这个写作输出的工程看得太大了，总觉得自己要花一两个小时的时间去写几千字的文章。实际上，如果你真的想开始写作，并不需要给自己这么大的压力，也不需要强迫自己每次一动笔就写好几千字，因为好几千字的文章也是由多个段落组成的。

如果你有一二十分钟的时间，就可以让自己围绕一个话题去写一篇几百字的文章，当一周写了好几篇几百字的文章时，那么在周末再利用一个整块的时间把这几篇几百字的文章穿起来；或者当你写了很多篇几百字的文章之后，你会发现自己好像已经写了好几个主题相关的小豆腐块作文了，那么就可以把它们组合成一篇长的文章。所以，解决你没有整块时间进行创作的方法就是试着去写豆腐块作文。为了让写豆腐块作文可持续，这里还有两个小技巧分享给你：马上停下来的习惯；碎片输入，系列输出。

马上停下来的习惯

看书的时候遇到共鸣点，你会怎么做？画横线，截图发朋友圈，还是不管它继续阅读？

画横线、截图发朋友圈当然是有意义的，但更加有深度的一个做法是停下来思考。我们需要思考为什么这个知识点会引起自己的共鸣。可能是因为这个知识点解决了你的疑惑，或者这个知识点你马上就能用到，又或者这个知识点跟你曾经出现的某个灵感很相似。思考完之后，把引发你共鸣的点记录下来，或者画下来，然后加入自己原创的东西组合一下，就变成了一篇原创笔记。这种办法是在慢慢地培养自己的原创写作能力和思考能力。

你不会写作，写不出来，一方面是因为你输入不够，另一方面是因为你没有养成由一个知识点联想输出写成一篇文章的习惯。所以，建议你每次把有共鸣的知识点当作一个橙子，把橙子榨成橙汁，再滤去杂质，把它加工成自己的东西展示出来，这样就完成了知识创作。

碎片输入，系列输出

制定一个写100篇同一领域的豆腐块作文的目标，然后去实现它。每一个领域的知识就像一座大厦，你在搬砖搭建自己的大厦时如果西搬一块，东搬一块，可能最后这座大厦很难完成。但如果你确定好要搭建一座什么样的大厦，那么在任何时候、任何场景的学习，每遇到一个觉得可以放进大厦的砖块，你都可以将其放进去，坚持下去，你在这个领域积累的砖块就会越来越多，这座大厦就会很快搭建好。比如，我经常会写一些如何学习、如何成长的学习笔记，这两个主题就像两个盒子，帮我收纳碎片时间中所有遇到的与此相关的学习思考，这样就达到了零存整取的效果。

无网环境创造整块时间

关于时间，我们还有一个常见问题就是感觉流程性、事务性的工作挤占的时间很多，留给创作性工作的时间很少。

我把自己的工作状态分为两种，一种是创造性的工作，一种是消耗性的工作（见图5-8）。创造性的工作是一种无压力状态下的工作，这种无压力体现为没有时间的压力，也没有需要向他人交付作品的压力。这个时候很适合自己去输出，不管是输出文字还是逻辑结构图。消耗性的工作是有压力状态下的工作，这种工作对于我来说就是备课、向甲方交付商业制图、和社群成员做沟通互动。每个人的性格不一样，创造性工作和消耗性工作的具体内容可能都不一样。

图5-8 创造型工作 & 消耗型工作

比如，和别人互动沟通是我不擅长的，我做这种类型的消耗性工作时消耗的能量就会非常大；但是也有人很擅长社交，所以互动沟通对于他们来说不会损耗能量，反而会增强能量。如果你的能量总是被流程性、需要和他人协作、互动沟通的事情所消耗，然后又需要时间去修复，因此无法腾出时间进入创造性状态，那么你只需要做到一点：每天有 1~2 个小时的时间断网，让自己处于一个无网络的状态下。

你没有办法上网，也就没有办法接收微信等社交平台的消息。别人找不到你，就可以让自己和自己相处。像这样腾出 1~2 个小时的时间，你就可以马上进入创作的状态去做学习的输出，我到现在为止都会在某些时候特意关掉微信。

克服完美主义，先完成才能完美

有的人因为一直追求完美主义，总是觉得自己做得不好，很难看到自己的进步，所以就不想行动了。

其实我跟这部分人一样，也会追求完美，但是除了追求完美之外，我还非常认可也一直在践行一个原则，那就是马上行动、立即行动。你想到什么就梳理出最小的基本要素，先把这个基本要素完成，形成一个最小的闭环，然后再去持续地滚大和滚快。练习写作，最简单的、可完成的行动就是定一个主题，每天写 300 字的豆腐块作文，养成阅读习惯，每天阅读 10 分钟，一天天地坚持下去。

如果遇到因为无法达到完美而停止行动的时候，你就想想别人在这条赛道上已经跑了好几圈了，他们已经因为第一次的勇敢而开始行动，并且让自己越跑越快、路线越来越完美，如果你停下脚步，那么你跟他们之间的距离就会越来越远。

每次想到你和别人差的不仅是行动，还有时间的时候，你可能就会加速自己的行动，让自己克服完美主义的心理，让自己做到先完成，再完美。

找到学习伙伴，让自己不是孤军奋战

每个人都会有疲倦的时候，每个人也会有放弃自律的时候。我经常说，如果你一个人难以抵抗生活中的各种诱惑，那么不如用他律来代替自律，找一个人或者一群人来监督自己。

你可以为自己找一个好的搭档，或者找一个线上的同桌，相互监督鼓励，交流心得体会，这样的反馈可以让自己坚持行动。甚至你们可以设置惩罚机制，谁违规，对方就实施惩罚措施。

你也可以进入一个好的学习社群抱团学习。圈子很重要，热爱学习的同频者也很重要。一群人进行同一主题内容的学习，知识的同频也许会让你进步更快。一个人走得很快，一群人走得更远，要找到或者创建一个和你有共同目标的圈子，抱团成长（见图5-9）。

图 5-9　找到志同道合的伙伴

用思维导图和知识卡片快速构建个人知识体系

本章回顾

知识点 1

学习系统的 4 条回路：因果链、增强回路、滞后效应、调节回路。

知识点 2

如何找到增强回路：强化内在动机、分享带来成长、正确看待反馈。

知识点 3

对抗学习惰性的 4 个办法：

制订计划，先完成再完美；

创造无网环境和整块时间；

克服完美主义，先完成再完美；

找到学习伙伴，让自己不再孤军奋战。